reinhardt

Basiswissen Frühpädagogik

Herausgegeben von Prof. Dr. Timm Albers

Titel in dieser Reihe:

Jungmann/Albers: Frühe sprachliche Bildung und Förderung
Kraska/Teuscher: Naturwissenschaftliche Bildung in der Kita
Schwarz: Frühe Bewegungserziehung

Weitere Titel in Planung!

Lena Kraska • Lucia Teuscher

Naturwissenschaftliche Bildung in der Kita

Mit 30 Abbildungen und 4 Tabellen

Mit Online-Materialien

Ernst Reinhardt Verlag München Basel

Dr. phil. *Lena Kraska* und *Lucia Teuscher* sind am Institut für Frühpädagogik an der Pädagogischen Hochschule Karlsruhe tätig.

Bibliografische Information der Deutschen Nationalbibliothek

Die Deutsche Nationalbibliothek verzeichnet diese Publikation in der Deutschen Nationalbibliografie; detaillierte bibliografische Daten sind im Internet über <http://dnb.d-nb.de> abrufbar.
ISBN 978-3-497-02400-1 (Print)
ISBN 978-3-497-60135-6 (E-Book)

Printed in Germany
Cover unter Verwendung eines Fotos von © S. Külcü – Fotolia.com
Satz: Arnold & Domnick, Leipzig   www.arnold-domnick.de

Ernst Reinhardt Verlag, Kemnatenstr. 46, D-80639 München
Net: www.reinhardt-verlag.de E-Mail: info@reinhardt-verlag.de

Inhalt

Hinweise zur Verwendung der Icons

Kapitelzusammenfassungen

Literatur- und Website-Empfehlungen

Definitionen

wichtige Informationen

Lernfragen

Beispiele

Online-Zusatzmaterial

Lösungen zu den Lernfragen sowie eine Linkliste rund um frühe naturwissenschaftliche Bildung gibt es unter www.reinhardt-verlag.de. Das Passwort für die Dateien lautet: *Exploration!* Das Online-Zusatzmaterial wird für die LeserInnen dieses Buchs zur Verfügung gestellt. Bitte geben Sie daher das Passwort nicht weiter!

Einleitung

Die Unterstützung und Förderung naturwissenschaftlicher Bildungsprozesse in Kindertageseinrichtungen wird aktuell nicht nur aus pädagogischer Sicht und vonseiten der Bildungswissenschaft und -politik, sondern – vor dem Hintergrund des drohenden Fachkräftemangels im ingenieur- und naturwissenschaftlichen Bereich – auch zunehmend von wirtschaftlicher Seite gefordert. Diese Forderungen wirken sich unmittelbar auf den Elementarbereich aus. Zum einen wurden naturwissenschaftliche Inhalte fest in den Bildungsplänen verankert. Zum anderen wurden und werden Bestrebungen unternommen, naturwissenschaftliche Bildung in Kindertageseinrichtungen durch unterschiedliche Maßnahmen und Projekte zu fördern, wobei die Initiative und Unterstützung hierbei häufig auf große Unternehmen und Stiftungen (z. B. Deutsche Telekom Stiftung, Klaus Tschira Stiftung etc.) zurückgehen. Inzwischen herrscht in der Fachwelt Konsens darüber, dass in der frühen Kindheit ein großes Potenzial zur Förderung naturwissenschaftlicher Bildungsprozesse liegt. Aber obwohl Naturwissenschaften und Technik national wie international als zeitgemäßer Bildungsschwerpunkt angesehen werden, findet dieser Bereich nach bisherigen Einschätzungen nur wenig Niederschlag in den Konzepten der Kindertageseinrichtungen. Eine Ursache hierfür ist vermutlich, dass dieser Bereich in der Ausbildung der Frühpädagogen bisher relativ wenig Beachtung findet.

Das vorliegende Buch ermöglicht einen Überblick über die verschiedenen Aspekte der frühen naturwissenschaftlichen Bildung. Durch die Lernfragen am Ende jedes Kapitels eignet sich das Buch auch für ein Selbststudium und es liefert ebenso eine Grundlage für die Aus- und Fortbildung frühpädagogischer Fachkräfte. Die Antworten auf die Lernfragen sowie eine Linkliste mit hilfreichen Internetadressen zum Thema finden sich unter www.reinhardt-verlag.de.

Zunächst wird das diesem Lehrbuch zugrunde liegende Bildungsverständnis im Kontext naturwissenschaftlicher Bildung erläutert. Dazu wird in Kapitel 1 ein Überblick über zwei auf diesem Gebiet dominierende unterschiedliche Bildungsansätze – Selbstbildungsansatz und Ansatz der Ko-Konstruktion – gegeben, die gleichzeitig eine gewisse Tradition der pädagogischen Diskussion und das damit verbundene Verständnis von Bildung und Erziehung widerspiegeln.

Anknüpfend an das in Kapitel 1 dargestellte Bildungsverständnis, welches das Kind als Person ins Zentrum stellt und von seinen Interessen und Kompetenzen ausgeht, werden in Kapitel 2 aktuelle Theorien und Befunde zu entwicklungspsychologischen Aspekten, zu Vorläuferfähigkeiten sowie zu kindlichen Interessen dargestellt. Zudem wird ein Überblick über die Bedeutung der Natur für die kindliche Entwicklung gegeben.

Um Kinder bei naturwissenschaftlichen Bildungsprozessen unterstützen zu können, sind über das Fachwissen hinaus bestimmte Voraussetzungen seitens pädagogischer Fachkräfte notwendig. Eine entscheidende Rolle kommt hierbei der individuellen Haltung gegenüber naturwissenschaftlichen Fragestellungen zu. Kapitel 3 zielt ab auf die Auseinandersetzung mit der eigenen Haltung gegenüber naturwissenschaftlichen Fragestellungen. Des Weiteren werden die wesentlichen Aspekte professioneller Handlungskompetenz von Frühpädagogen und Lehrern gegenüberstellend diskutiert.

Ziele, Inhalte und Methoden bilden die unentbehrliche Grundlage für jede didaktische Strukturierung, so auch die naturwissenschaftlicher Bildungsprozesse. Während auf Ziele und Inhalte bereits im ersten Kapitel im Zusammenhang mit dem Bildungsverständnis eingegangen wurde, werden in Kapitel 4 die Methoden näher beleuchtet. Hier wird erläutert, was unter „Experimenten" und „Projekten" bei ganzheitlicher und alltagsorientierter naturwissenschaftlicher Bildung zu verstehen ist. Die theoretischen Einführungen werden anhand von zwei innovativen Projektbeispielen aus der Praxis anschaulich verdeutlicht.

Die räumliche Umgebung hat zweifelsohne Einfluss auf kindliche Bildungsprozesse. Je nach Gestaltung und Ausstattung der Räume werden Kinder mehr oder minder zur Auseinandersetzung mit der sie umgebenden Welt angeregt, sie können sich auf ihre Interessen einlassen und in ihre forschenden Tätigkeiten vertiefen. In Kapitel 5 werden wesentliche Aspekte von Innen- und Außenräumen sowie Materialien erläutert, die frühe naturwissenschaftliche Bildung unterstützen. Durch ein innovatives Praxisbeispiel – einen Forscherwagen im Außengelände – werden die theoretisch dargestellten Kriterien für die Gestaltung einer anregenden und förderlichen Umgebung veranschaulicht.

Aus Gründen der Vereinfachung und besseren Lesbarkeit wird ausschließlich die männliche Form verwendet (Ausnahmen sind lediglich in den Beschreibungen der Praxisbeispiele zu finden, da es sich um reale Personen handelt). Das jeweils andere Geschlecht ist also selbstverständlich mitzudenken. Des Weiteren wird der Begriff Kindertageseinrichtung stellvertretend auch für die Einrichtungen Kindergarten und Krippe verwendet.

1 Verständnis naturwissenschaftlicher Bildung im Elementarbereich

Eine Gegenüberstellung der Ansätze, „Selbstbildung“ und „Ko-Konstruktion“, zeigt, dass in beiden Ansätzen davon ausgegangen wird, dass Kinder Akteure ihrer eigenen Bildungsprozesse sind.
Während der Selbstbildungsansatz jedoch die Selbstbestimmung des Kindes auch hinsichtlich der Auswahl von Bildungsinhalten im Bereich der Naturwissenschaften in den Vordergrund stellt, gibt der Ansatz der Ko-Konstruktion Kompetenzen vor, die ein Kind bis zum Schuleintritt erwerben sollte. Naturwissenschaftliche Bildung ist in allen Bildungsplänen des Elementarbereichs enthalten. Allerdings bestehen Unterschiede in Bezug auf Form, Inhalt und verbindliche Zielvorgaben.
Das diesem Buch zugrundeliegende Verständnis von früher naturwissenschaftlicher Bildung lässt sich weder dem Ansatz der Ko-Konstruktion noch dem der Selbstbildung eindeutig zuordnen. Es stellt das Kind mit seinen Interessen und Fragen ins Zentrum früher naturwissenschaftlicher Bildung, was zu einer Absage an einen vorgegeben Wissenskanon führt.

1.1 Frühe naturwissenschaftliche Bildung – Selbstbildung oder Ko-Konstruktion?

klassische Pole der Pädagogik

Es herrscht ein breiter Konsens darüber, dass der Bildung in der frühen Kindheit große Bedeutung beizumessen ist. Über die Art und Weise, wie diese Bildungsprozesse vonstattengehen und welche Rolle hierbei die pädagogischen Fachkräfte einnehmen, gibt es allerdings differierende Argumentationen und Vorstellungen. Die unterschiedlichen Sichtweisen lassen sich zurückführen auf die beiden zentralen Positionen der klassischen Pädagogik, deren Betrachtung zur Klärung des Bildungsverständnisses im Allgemeinen sowie zum Verständnis naturwissenschaftlicher Bildung im Besonderen beitragen kann. Denn während es Ansätze gibt, die eine klare thematische Planung und Zielorientierung vertreten und somit eher einer „anleitenden Pädagogik" zuzuordnen sind, stellen andere das Kind mit seinen individuellen Interessen, Fragen und Kompetenzen in den Mittelpunkt, was wiederum einem „Selbstbildungsansatz" zuzuschreiben ist. Ausgehend von diesen beiden Positionen werden im Folgenden unterschiedliche Vorstellungen von frühkindlicher Bildung dargelegt.

das Bild vom Kind

Eine Vorstellung vom Kind als formbarem Wesen – als Produkt seiner Umgebung und damit als Objekt von Erziehung und Bildung –, gilt als überholt. Und auch wenn sich die Ansätze naturwissenschaftlicher Bildung im Elementarbereich hinsichtlich ihres Bildungsverständnisses unterscheiden, liegt ihnen allen ein Bild vom aktiven und „kompetenten" Kind (Andresen / Hurrelmann 2010, 18) zugrunde.

Bildung als aktiver Prozess, ausgehend vom Subjekt

Ausgehend von der klassischen Bildungstheorie über reformpädagogische Ansätze bis hin zu gegenwärtigen frühpädagogischen Vorstellungen und Konzepten ist unbestritten, dass Bildung prinzipiell ein vom Subjekt ausgehender aktiver Prozess ist (Grell 2010, 155).

Leu hält entsprechend fest, dass das Kind als Subjekt seines Lernens „[…] von den „Klassikern" bis zu den Vertretern eines konstruktivistischen Lernbegriffs […]" (Leu 2007, 19) den Ausgangspunkt aller Überlegungen zu frühkindlicher Bildung und Erziehung darstelle.

INFO

Vier wesentliche Punkte früher Bildung:
- „Bildung und Lernen sind ganzheitliche Vorgänge.
- Kinder bringen von Geburt an wichtige Anlagen mit.
- Kinder und Erwachsene gelten als gleichberechtigt, sind ebenbürtig.
- Wichtig ist es, die Perspektive der Kinder zu achten“ (Leu 2007, 19).

Auch in den unterschiedlichen Ansätzen früher naturwissenschaftlicher Bildung wird stets vom Kind als aktiv lernendem Subjekt ausgegangen. Die Rolle des Pädagogen hingegen wird in den verschiedenen Ansätzen naturwissenschaftlicher Bildung unterschiedlich gesehen.

Selbstbildung vs. Ko-Konstruktion

Im Folgenden wird näher auf die beiden zentralen Ansätze „Selbstbildung“ und „Ko-Konstruktion“ eingegangen. Seit den 1990er Jahren ist eine Debatte zwischen den Vertretern dieser beiden Bildungsansätze zu beobachten (Fthenakis 2007, 77).

Bedeutsame Unterschiede zeigen sich auch und vor allem in Bezug auf die Vorstellungen im Bereich der frühen naturwissenschaftlichen Bildung. Es lohnt sich deshalb, die genannten Ansätze gegenüberzustellen, um Gemeinsamkeiten und Unterschiede zu verdeutlichen.

1.1.1 Selbstbildungsansatz

Anthropologie und Bildungsverständnis

konstruktivistischer Hintergrund

Mit dem Begriff „Selbstbildung“ gibt Schäfer (2007, 52) den konstruktivistischen Hintergrund seines Ansatzes zu erkennen und betont die Perspektive der Kinder, wie er sie auch in dem von ihm verfassten „Offenen Bildungsplan für Kitas in Nordrhein-Westfalen“ dokumentiert hat.

Bild vom Kind

Das Verständnis von Bildung als aktive „Aneignung von Welt“ führt in der Konsequenz dazu, dass ein Kind nicht gebildet werden kann, sondern dass es sich selbst bildet (Laewen 2010, 42 ff.).

Bildungsverständnis

Schäfer (2007, 30) definiert Bildung im Rahmen seines Selbstbildungsansatzes wie folgt:

Was **Bildung** nicht ist:

- Sie hängt nicht von bestimmten Inhalten ab, durch die man angeblich gebildet wird;
- sie ist kein anderes Wort für Kompetenzvermittlung;

- sie bezeichnet keinen spezifischen Förderbedarf;
- genauso wenig kann man Bildung vermitteln.
- Stattdessen weist der Bildungsbegriff darauf hin,
- dass man sich letztlich nur selbst bilden kann;
- dass Bildungsprozesse mit
- sozialen Verständigungsprozessen verquickt sind;
- dass Lernen einen persönlichen Sinn ergeben muss – das
- gilt auch für Säuglinge;
- dass in Bildungsprozessen Handeln, Empfinden, Fühlen, Denken, Werte, sozialer Austausch, subjektiver und objektiver Sinn miteinander in Einklang gebracht werden müssen;
- dass Bildungsprozesse Selbst- und Weltbilder zu einem mehr oder weniger spannungsvollen Gesamtbild verknüpfen.

Schäfers Ansatz bezieht sich also auf die aktive Aneignung von Welt durch das Kind selbst, und schließt damit die äußere Vorgabe bestimmter Inhalte und Bildungsziele in Bezug auf die einzelnen Bildungsbereiche aus. Ausgehend von diesem Verständnis von Bildung ergibt sich weiter die Rolle des Pädagogen (vgl. Schäfer 2007).

keine Vorgabe von Zielen und Inhalten

Rolle des Pädagogen

Es wird deutlich, dass Bildungsprozesse nach dem Verständnis des Selbstbildungsansatzes nicht von außen erzwungen oder erwirkt werden können.

Absage an Anleitung

> *„Die pädagogischen Einwirkungsmöglichkeiten enden am Kopf des anderen. Wenn dieser nicht von sich aus entgegen kommt, dann laufen Lehrprozesse buchstäblich ins Leere“ (Schäfer 2011a, 41).*

Verständigung

Es geht in diesem Ansatz also nicht darum, Kindern etwas beizubringen oder Wissen zu vermitteln. Allerdings bedeutet die Absage an Anleitung und gezielte Wissensvermittlung nicht, dass Kinder sich losgelöst und isoliert von ihrer Umgebung bilden. Die Aufgabe des Pädagogen ist es vielmehr, Kinder in ihren Bildungs- und Entwicklungsprozessen zu unterstützen, damit diese ihr „Fundament an Erfahrungen" herstellen und erweitern können, um Teil der Gesellschaft zu sein. Hierbei betont Schäfer die Bedeutung des sozialen Kontextes, wobei er die Auseinandersetzung mit selbigem als Verständigung bezeichnet.

> *„Damit ist der Prozess gemeint, in dem sich zwei oder mehr Individuen darüber einig werden, was für ihr beiderseitiges Denken und Handeln bedeutsam ist; insofern kann man diesen Begriff mit dem der Ko-Konstruktion vergleichen" (Schäfer 2007, 53).*

Verständigung vs. Ko-Konstruktion

Schäfer lehnt den aus der Sozialforschung stammenden Begriff der Ko-Konstruktion jedoch u. a. mit der Begründung ab, dass dieser ursprünglich lediglich für den Austausch mit Gleichaltrigen, also unter Kindern, Verwendung fand. Der Begriff der Verständigung soll dagegen ausdrücken, dass hiermit die sprachliche sowie die nichtsprachliche Interaktion zwischen Kind und Pädagoge gemeint ist (Schäfer 2007, 53).

1.1.2 Ansatz der Ko-Konstruktion

Anthropologie und Bildungsverständnis

sozialkonstruktivisitischer Hintergrund

Das Konzept der Ko-Konstruktion, das im Wesentlichen von Fthenakis (2006) geprägt wurde, orientiert sich an angloamerikanischen sozialkonstruktivistischen Ansätzen, in denen der Fokus auf der Einwirkung der sozialen Umwelt liegt (König 2007, 39). Ebenso wie dem Selbstbildungsansatz liegt dem Ansatz der Ko-Konstruktion ein Bild vom aktiven Kind zugrunde, das über Gestaltungsmöglichkeiten hinsichtlich seiner Bildungs- und Lernprozesse verfügt. Die Vertreter des Ko-Konstruktivismus gehen von der Annahme aus, dass Bildungsprozesse einen sozialen Austausch voraussetzen und dass der Interaktion eine zentrale Bedeutung zukommt (StMAS / IFP 2006, 24).

Bild vom Kind

Der Ansatz der Ko-Konstruktion geht ebenfalls vom sich aktiv selbst bildenden Kind aus.

Bildungsverständnis

Ein deutlicher Unterschied zwischen Ko-Konstruktions- und Selbstbildungsansatz zeigt sich in Bezug auf die von Schäfer (2007) formulierten Vorgaben darüber, was Bildung nicht ist.

Die wesentlichen Unterschiede und Gemeinsamkeiten des Ko-Konstruktions- und Selbstbildungsansatzes sind Tabelle 1 zu entnehmen.

Tab. 1: Vergleich Selbstbildungsansatz und Ansatz der Ko-Konstruktion

Ansatz	**Selbstbildungsansatz**	**Ko-Konstruktionsansatz**
Hintergrund	Klassischer Konstruktivismus	Sozialkonstruktivismus
Bild vom Kind	sich selbst bildendes kompetentes Kind	sich selbst bildendes kompetentes Kind
Rolle des Pädagogen	– aktiver Begleiter – Einfluss des Pädagogen auf Bildungsprozesse endet am Kopf des Kindes. – „Verständigung" (Schäfer 2007, 53)	– aktiver Mitgestalter – Bildung gehen soziale Interaktionsprozesse voraus. – „Ko-Konstruktion" (StMAS / IFP 2006, 32)
Inhalte und Ziele	Es werden keine Bildungsinhalte und -ziele in Bezug auf die Bildungsbereiche vorgegeben (Schäfer 2007, 30).	Der Pädagoge verfolgt bestimmte vorgegebene Bildungsinhalte und -ziele in den Bildungsbereichen (StMAS / IFP 2006, 25).
Besonderer Fokus	Kind	Interaktion

Vorgabe von Zielen und Inhalten

Während Bildung nach dem Verständnis des Selbstbildungsansatzes nicht von festgelegten Inhalten abhängt, werden im Bayrischen ko-konstruktivistisch orientierten Bildungsplan für vorschulische Einrichtungen konkrete Inhalte und Ziele benannt. Ziele und Inhalte des Bayrischen Bildungsplans sind:

- *„Persönliche Dimension. Welche Basiskompetenzen des Kindes sind aufzubauen und zu stärken, die ihm eine positive Persönlichkeitsentwicklung garantieren?*

- *Interaktionale Dimension. Welche Basiskompetenzen brauchen Kinder, um ihre Bildungsprozesse in der Interaktion mit anderen Kindern und Erwachsenen mitzugestalten und mitzuverantworten?*

- *Kulturelle Dimension. Welche gesellschaftlichen Werte sollen Kinder als eigene Wertvorstellungen verinnerlichen, um ein produktives Zusammenleben in einer interkulturellen Gemeinschaft zu sichern?*
- *Wissensdimension. Was sollen Kinder wissen, um sich in einer globalen Wissensgesellschaft zurechtzufinden, ihre Lebensaufgaben kompetent und im sozialen Austausch zu bewältigen?*
- *Partizipatorische Dimension. Welche Gelegenheiten brauchen Kinder, um Entscheidungsfähigkeit, Mitgestaltung und Verantwortungsübernahme aufbauen zu können?" (StMAS / IFP 2006, 24f.)*

Schäfer (2007) vertritt weiterhin die Ansicht, dass Bildung nicht mit Kompetenzvermittlung gleichzusetzen ist. Im Bayerischen Bildungsplan wird dagegen deutlich, dass der Ko-Konstruktionsansatz davon ausgeht, dass Bildungsinhalte festzulegen und auch zu vermitteln sind. Dies wird durch folgendes Zitat deutlich:

> *„Bildung als sozialen Prozess eingebettet in den jeweiligen Kontext zu verstehen – dieser Bildungsansatz wirkt sich ebenso wie die neuen gesellschaftlichen Anforderungen an Bildung auf die Bildungsinhalte und deren Vermittlungsformen aus" (StMAS / IFP 2006, 24).*

Rolle des Pädagogen

Im Bayerischen Bildungsplan wird dem Erwachsenen die Aufgabe zugewiesen, Kindern die Möglichkeit einzuräumen, sich an ihrem eigenen Bildungsprozess zu beteiligen (StMAS / IFP 2006, 25).

Frühpädagogen als aktive Mitgestalter

Das beschriebene Bildungsverständnis setzt die Vorstellung voraus, dass der Pädagoge Bildungs- und Lernprozesse nicht nur initiieren, sondern auch steuern und gewisse Ergebnisse erzielen kann. Es zeigt sich, dass dem Frühpädagogen in diesem Verständnis die Rolle eines aktiven „Mitgestalters" frühkindlicher Bildungsprozesse zukommt (StMAS / IFP 2006, 25 ff.).

Frühpädagoge als Vermittler von Wissen

Der knapp 500-seitige Bayerische Bildungsplan rückt dementsprechend mit detaillierten Hinweisen und Anleitungen den Frühpädagogen als Handelnden in den Fokus. Die pädagogische Fachkraft fungiert hierbei als Vermittler von Einsichten und Wissen (Diskowski 2008, 55 f.).

1.2 Naturwissenschaftliche Bildung zwischen Selbstbildung und Ko-Konstruktion

Nachdem zwei unterschiedliche Ansätze präsentiert wurden, soll nun ein Überblick darüber gegeben werden, wie frühe naturwissenschaftliche Bildung in den vorschulischen Bildungsplänen im deutschsprachigen Raum repräsentiert ist. Anschließend wird das Verständnis früher naturwissenschaftlicher Bildung dargelegt, das diesem Werk zugrunde liegt, und sich ebenso wie ein Großteil der Bildungspläne zwischen den beiden Polen Selbstbildung und Ko-Konstruktion bewegt.

1.2.1 Naturwissenschaftliche Bildung in den Bildungsplänen

Deutschland

In Deutschland forderte Fthenakis im Jahr 2001 erstmals die Entwicklung frühpädagogischer Bildungspläne und initiierte die Erarbeitung des Bayrischen Bildungsplans. Auch weitere Bundesländer haben sich zu dieser Zeit auf den Weg gemacht, Bildungspläne für ihre Einrichtungen des Elementarbereichs zu entwickeln (Fthenakis 2006, 77 f.). Ab 2003 wurden erste länderspezifische Bildungspläne veröffentlicht.

Rahmen der Länder zu früher Bildung

Im Jahr 2004 wurde schließlich ein bundesländerübergreifender Rahmen für die frühe Bildung von der Jugendminister- und der Kultusministerkonferenz beschlossen.

> *„Der Schwerpunkt des Bildungsauftrags der Kindertageseinrichtungen liegt in der frühzeitigen Stärkung individueller Kompetenzen und Lerndispositionen, der Erweiterung, Unterstützung sowie Herausforderung des kindlichen Forscherdranges, in der Werteerziehung, in der Förderung, das Lernen zu lernen, und in der Weltaneignung in sozialen Kontexten" (JMK/KMK 2004, 2).*

Bildungsbereiche

Es werden sechs Bildungsbereiche genannt und jeweils in wenigen Sätzen erläutert. Naturwissenschaftliche Bildung findet sich im Bildungsbereich

„Mathematik, Naturwissenschaft und (Informations-)Technik" sowie im Bildungsbereich „Natur und kulturelle Umwelten".

Allerdings soll es durch die Nennung von Bildungsbereichen in den Curricula des Elementarbereichs nicht nur zum Erwerb spezifischer Kompetenzen kommen. Vielmehr geht es um ein ganzheitliches und bereichsübergreifendes Bildungsverständnis sowie um den Erwerb von Persönlichkeitsressourcen. Die Rolle des Pädagogen ist es hierbei, das Kind zu begleiten aber auch zu steuern (JMK/KMK 2004, 3).

Inzwischen verfügen alle deutschen Bundesländer über Bildungspläne, die sich jedoch in Bezug auf Umfang und Inhalt teilweise immens unterscheiden.

Bild vom Kind

Trotz der Unterschiede in Bezug auf Form, Umfang und Inhalt gehen alle Bildungspläne grundsätzlich von einem sich selbst aktiv bildenden Kind aus.

naturwissenschaftliche Bildung

Naturwissenschaftliche Bildung ist in allen deutschen Bildungsplänen des Elementarbereichs enthalten. Die entsprechenden Bildungsbereiche werden allerdings unterschiedlich benannt. Dies geht aus Tabelle 2 hervor.

Tab. 2: Naturwissenschaftliche Bildung in den Bildungsplänen der deutschen Bundeländer in Anlehnung an Lück 2009, 24

Bundesland	Stand	Titel	Bildungsbereich
Baden-Württemberg	2011	Orientierungsplan für Bildung und Erziehung in baden-württembergischen Kindergärten und weiteren Kindertageseinrichtungen	Bildungs- und Entwicklungsfeld: Denken (38–42)
Bayern	2012	Der Bayrische Bildungs- und Erziehungsplan für Kinder in Tageseinrichtungen bis zur Einschulung	Naturwissenschaften und Technik (260–279); Umwelt (279–297)
Berlin	2004	Das Berliner Bildungsprogramm für die Bildung und Erziehung und Betreuung von Kindern in Tageseinrichtungen bis zu ihrem Schuleintritt	Naturwissenschaftliche und technische Grunderfahrungen (98–107)
Brandenburg	2006	Grundsätze elementarer Bildung in Einrichtungen der Kindertagesbetreuung im Land Brandenburg	Naturwissenschaft (24–27)
Bremen	2012	Rahmenplan für Bildung und Erziehung im Elementarbereich	Natur, Umwelt und Technik (28–31)
Hamburg	2012	Hamburger Bildungsempfehlungen für die Bildung und Erziehung von Kindern in Tageseinrichtungen	Natur – Umwelt – Technik (92–98)

Bundesland	Stand	Titel	Bildungsbereich
Hessen	2012	Bildung von Anfang an – Bildungs- und Erziehungsplan für Kinder von 0 bis 10 Jahren in Hessen	Naturwissenschaften (77–78); Technik (78–79)
Mecklenburg-Vorpommern	2011	Bildungskonzeption für 0- bis 10-jährige Kinder in Mecklenburg-Vorpommern	Welterkundung und naturwissenschaftliche Grunderfahrungen (139–161)
Niedersachsen	2011	Orientierungsplan für Bildung und Erziehung im Elementarbereich niedersächsischer Tageseinrichtungen für Kinder	Natur und Lebenswelt (28–29)
Nordrhein-Westfalen	2011	Grundsätze zur Bildungsförderung für Kinder von 0 bis 10 Jahren in Kindertageseinrichtungen und Schulen im Primarbereich	Naturwissenschaftlich-technische Bildung (60–62); Ökologische Bildung (63–65)
Rheinland-Pfalz	2004	Bildungs- und Erziehungsempfehlungen für Kindertagesstätten in Rheinland-Pfalz	Naturwissenschaft – Technik (31–33); Naturerfahrung – Ökologie (33–34)
Saarland	2007	Bildungsprogramm für saarländische Kindergärten (Handreichung für die Praxis)	Naturwissenschaftliche und technische Grunderfahrungen (145–149)
Sachsen	2011	Der Sächsische Bildungsplan: Ein Leitfaden für pädagogische Fachkräfte in Krippen, Kindergärten und Horten sowie für Kindertagespflege	Naturwissenschaftliche Bildung (113–130)
Sachsen-Anhalt	2004	Bildungsprogramm für Kindertageseinrichtungen in Sachsen-Anhalt – Bildung: elementar – Bildung von Anfang an	Welterkundung und naturwissenschaftliche Grunderfahrungen (74–78)
Schleswig-Holstein	2009	Erfolgreich starten – Leitlinien zum Bildungsauftrag in Kindertageseinrichtungen	Naturwissenschaft und Technik (35–37)
Thüringen	2010	Thüringer Bildungsplan für Kinder bis 10 Jahre	Naturwissenschaftliche und technische Bildung (77–96)

Die einzelnen Bildungspläne aller deutscher Bundesländer sind zu finden unter: www.bildungsserver.de/Bildungsplaene-der-Bundeslaender-fuer-die-fruehe-Bildung-in-Kindertageseinrichtungen-2027.html

Bildungsverständnis

Auch in Bezug auf das zugrunde liegende Bildungsverständnis lassen sich Unterschiede zwischen den einzelnen Bildungsplänen feststellen. Während einige Bildungspläne eher dem Selbstbildungsansatz zuzuschreiben sind, folgen andere stärker dem Ansatz der Ko-Konstruktion. Dieser Unterschied wurde bereits exemplarisch durch Verweise auf den „Bayrischen Bildungsplan" und den „offenen Bildungsplan für Kitas in Nordrhein-Westfalen" deutlich.

Allerdings lassen sich die Bildungspläne des Elementarbereichs nicht alle eindeutig zuordnen. Ein Großteil bewegt sich zwischen den Ansätzen Ko-Konstruktion und Selbstbildung.

Österreich

In Österreich liegt ein bundesländerübergreifender Rahmenbildungsplan für frühpädagogische Einrichtungen vor.

Bild vom Kind

Auch diesem Rahmenbildungsplan wird ein Bild vom sich aktiv bildenden Kind zugrunde gelegt

naturwissenschaftliche Bildung

Der Rahmenplan geht insgesamt auf sechs Bildungsbereiche ein. Der Bildungsbereich „Natur und Technik" wird nochmals in „Natur und Umwelt", „Technik" und „Mathematik" aufgeteilt. „Natur und Umwelt" beinhaltet neben der unbelebten und belebten Umwelt auch wissenschaftliches Denken und Handeln durch Experimente, Hypothesenbildung sowie einen verantwortungsvollen Umgang mit den Ressourcen der Natur.

Bildungsverständnis

Kindertageseinrichtungen in Österreich sollen nach diesem Rahmenbildungsplan explizit den Prinzipien der Ko-Konstruktion folgen.

Näher kann dies nachgelesen werden im bundesländerübergreifenden BildungsRahmenPlan für elementare Bildungseinrichtungen in Österreich: www.bmukk.gv.at/medienpool/1869 8/bildungsrahmenplan.pdf

Schweiz

In der Schweiz wurde von der Schweizerischen UNESCO-Kommission und dem „Netzwerk Kinderbetreuung Schweiz" ebenfalls ein übergreifender Orientierungsrahmen für frühkindliche Bildung, Betreuung und Erziehung vorgelegt.

Bild vom Kind

Es werden Leitprinzipien genannt, die sich hauptsächlich auf das Bild vom Kind und das Verhalten der Pädagogen zum Kind beziehen. Es wird vom „kompetenten“ Kind gesprochen, das sich die Welt selbstbestimmt und eigenaktiv aneignet.

Inhalte

Die Leitprinzipien des Orientierungsrahmens beziehen sich beispielsweise auf physisches und psychisches Wohlbefinden, Zugehörigkeit und Partizipation sowie Inklusion und Akzeptanz von Verschiedenheit. Es werden keine expliziten Bildungsbereiche genannt und naturwissenschaftliche Themen finden lediglich im Zusammenhang mit der Raumgestaltung Erwähnung.

Bildungsverständnis

Das Bildungsverständnis des schweizerischen Orientierungsrahmens wird durch folgendes Zitat deutlich:

> *„Frühkindliche Bildung lässt sich nicht mit Belehrung, Instruktion und Wissensvermittlung nach Plan fördern. Solche Methoden und Lehrformen werden den kindlichen Bedürfnissen nach Eigenaktivität sowie dem stark von der inneren Motivation abhängigen frühen Lernen nicht gerecht. Kleine Kinder sind Forscher und Entdecker. Sie wollen selbst experimentieren, eigene Erklärungsansätze und Hypothesen entwickeln und sich darüber mit ihrer Nahumwelt austauschen“ (Wustmann Seiler/Simoni 2012, 24).*

In diesem Ansatz wird der Pädagoge als Begleiter der Kinder und das Lernen als konstruktiver Prozess bezeichnet (Wustmann Seiler/Simoni 2012, 27 f.). Dennoch wird vom pädagogischen Prinzip der Ko-Konstruktion gesprochen. Eine klare Zuordnung zu einem der beiden Ansätze ist nicht möglich.

Näher kann dies nachgelesen werden im Orientierungsrahmen für frühkindliche Bildung, Betreuung und Erziehung in der Schweiz: www.mmizuerich.ch/files/downloads/d0064ba76b79884ed13fb95be19ad768/Orientierungsrahmen_DE.pdf

eindeutige Zuordnung oft nicht möglich

Es wird deutlich, was in Bezug auf die frühpädagogischen Bildungspläne im deutschsprachigen Raum häufig der Fall ist: Sie bewegen sich oftmals zwischen den beiden Ansätzen der Ko-Konstruktion und der Selbstbildung. Eine eindeutige Zuordnung der einzelnen Bildungspläne zu einem der beiden Ansätze ist deshalb wenig zielführend. Ein kritischer und bewusster Umgang mit den jeweils gültigen Bildungsplänen auf Grundlage des Wissens über die unterschiedlichen Bildungsansätze wird empfohlen.

1.2.2 Abgeleitetes Verständnis früher naturwissenschaftlicher Bildung

Das allgemeine Bildungsverständnis, das wir diesem Werk zugrunde legen, bewegt sich ebenfalls zwischen den beiden Polen und lässt sich weder eindeutig dem Selbstbildungsansatz noch ausschließlich dem Ansatz der Ko-Konstruktion zuordnen. Vielmehr werden Elemente aus beiden Ansätzen aufgenommen und in eine Konzeption einer personalen und begabungsfördernden Pädagogik integriert, der ein Verständnis von ganzheitlicher Bildung zugrunde liegt.

Bild vom Kind

Das Kind wird demnach als einmalige Person (Weigand 2004/2011) mit seinen Potenzialen, Interessen und Vorstellungen sowie in seiner Beziehung und Relationalität zu Menschen und Dingen – zur Welt – wahrgenommen. Es wird davon ausgegangen, dass jedes Kind an seinem eigenen Bildungsprozess aktiv beteiligt ist, was die Mitwirkung an der Herausbildung seiner Identität und eine Verantwortung für sich selbst, für andere und die Gemeinschaft einschließt. Daraus ergibt sich die Bedeutsamkeit der Interaktion mit Erwachsenen und mit Gleichaltrigen. Ebenso steht die reflektierte Auseinandersetzung mit der materiellen Umgebung im Alltag im Zentrum.

Nachdem dargelegt wurde, welches Bildungsverständnis zugrunde gelegt wird, kann nun konkret auf frühe naturwissenschaftliche Bildung eingegangen werden.

Inhalte und Ziele

belebte vs. unbelebte Natur

Unter dem Begriff „Naturwissenschaften“ werden allgemein die Wissenschaften bezeichnet, die sich sowohl mit der belebten als auch mit der unbelebten Natur mit dem Ziel beschäftigen, Funktionen und Gesetzmäßigkeiten zu erforschen und beschreiben. Als Natur wird in Abgrenzung zur Kultur alles bezeichnet, was nicht vom Menschen geschaffen wurde. Eine häufig vorgenommene Gliederung ist die Unterscheidung zwischen der belebten Natur, die alle Lebewesen umfasst, die genetisch organisiert zu Stoffwechsel, Fortpflanzung und Evolution fähig sind, und der unbelebten Natur, die sich aus Erde, Steinen, Luft, Feuer, Flüssigkeiten, Klima und allen weiteren nicht belebten Bereichen der Welt zusammensetzt.

Wissenschaft vs. Normalwissenschaft

Vorstellungen von naturwissenschaftlicher Bildung werden in der Regel in den Bildungsinstitutionen erzeugt. Und hier kommt vor allem der Schule eine große Bedeutung zu. Das in unserer Gesellschaft herrschende Bild von Naturwissenschaften geht größtenteils auf pädagogische Darstellungen von Naturwissenschaft zurück. Durch die Machart vieler Lehrbücher kann der Eindruck entstehen, naturwissenschaftliche Forschung sei durch eine lineare Fortschrittgeschichte gekennzeichnet. Weil dieser Eindruck ausblendet, dass Naturwissenschaftler nicht immer mit demselben Paradigma arbeiten und gearbeitet haben (vgl. Kuhn 2002), entsteht ein Trugbild, das im Rückgriff auf Adorno als Halbbildung bezeichnet werden kann (Wehner 2009, 50 ff.).

Halbbildung

Naturwissenschaftliche Halbbildung reduziert Wissenschaft auf Methode. Das Zerrbild naturwissenschaftlicher Halbbildung geht davon aus, dass Naturwissenschaft stets und seit Anbeginn ihrer Geschichte auf demselben Weg der Erkenntnis unterwegs ist, und durchgängig mit einer Stimme spricht. So gerät aus dem Blick, dass Wissenschaft nicht nur eine methodisch geleitete Suchbewegung nach Erkenntnissen, sondern auch eine Suche nach sachangemessenen Methoden ist.

In der pädagogischen Praxis macht es einen großen Unterschied für das kindliche Verständnis von Naturwissenschaft, welches Wissenschaftsverständnis Pädagogen ihrem Handeln zugrunde legen. So ergibt es wenig Sinn, wenn Kinder auf vorgegebenen Wegen, d. h. mit vorgesetzten Methoden oder vorgefertigten Experimentieranleitungen, auf die „Suche" nach Antworten auf Fragen geschickt werden, die sich ihnen womöglich gar nicht stellen. Kinder kommen der sozialen Wirklichkeit von Wissenschaft und Forschung näher, wenn sie – ausgehend von Fragen und Problemen, die sich ihnen stellen –, gemeinsam nach Wegen Ausschau halten, die zu für sie nachvollziehbaren Antworten führen. Um Halbbildung zu vermeiden und wissenschaftliche Bildungsprozesse zu ermöglichen, müssen es Fachkräfte aushalten, dass Kinder nicht sogleich mit der „besten" wissenschaftlichen Experimentalanordnung aufwarten.

Absage an Wissenskanon

Unser Verständnis naturwissenschaftlicher Bildung geht auf diese Vorüberlegungen zurück. Der Begriff Naturwissenschaften im Zusammenhang mit frühkindlicher Bildung beinhaltet die Vorstellung, Kindern die Anfänge wissenschaftlichen Denkens nahezubringen. Das würde voraussetzen, dass naturwissenschaftliche Erkenntnisse in einzelne kleine Elemente zerlegt werden können, die möglicherweise auch von kleinen Kindern nachvollzogen werden können (Schäfer 2010, 16).

Es geht in diesem Werk demnach nicht darum, einen Wissenskanon zu benennen, der für den Elementarbereich verbindlich gelten sollte und der Inhalte, die ursprünglich in der Schule angesiedelt waren, auf den frühpädagogischen Bereich vorverlegt. Ebenso wenig ist es unserer Meinung nach das Ziel naturwissenschaftlicher Bildung, Fragen auf Antworten zu geben, die oftmals noch nicht einmal gestellt wurden.

Ziel naturwissenschaftlicher Bildung

Ziel früher naturwissenschaftlicher Bildung ist es aus unserer Sicht, die Kinder dabei zu begleiten, zu unterstützen und zu bestärken, sich ausgehend von ihren eigenen Interessen kritisch hinterfragend mit der Welt und ihren Phänomenen auseinanderzusetzen. Dazu gehören Tätigkeiten wie Hypothesen zu bilden, Beobachten, Experimentieren und Schlussfolgerungen auf der Grundlage von Beobachtungen zu ziehen (Pauen / Pahnke 2009, 97).

forschendes Lernen

Dieser Ansatz rückt das forschende Lernen ins Zentrum.

INFO

Forschendes Lernen
Beim forschenden Lernen werden – ausgehend von echten Problemen oder Fragen, die ein Kind oder eine Kindergruppe bewegt –, Hypothesen aufgestellt und überprüft, um schließlich zu einer Lösung oder einer Antwort zu gelangen. Die entsprechende Auseinandersetzung in Interaktion mit Erwachsenen wird schließlich zunehmend systematisiert und so ein naturwissenschaftliches Denken und Handeln angebahnt.

Rolle des Pädagogen

Ausgehen von kindlichen Interessen

Jeder, der mit Kindern zu tun hat oder hatte, weiß, dass Fragen stellen ohnehin in der kindlichen Natur liegt. Dies allein wäre also nicht das Ziel naturwissenschaftlicher Bildung. Es geht hier aber weiterführend darum, wie mit diesen Fragen umgegangen wird.

Aufgaben des Frühpädagogen

Frühpädagogen haben die Aufgabe, die Fragen der Kinder sowie deren Interessen ernst zu nehmen. Sie sollen die Kinder entsprechend unterstützen, Unklarheiten oder Probleme aufzugreifen, Fragen zu formulieren und sich mit diesen auseinanderzusetzen. Es geht jedoch nicht darum, die Antworten auf Fragen oder die Wege zur Problemlösung zu liefern. Frühpädagogische Fachkräfte sollen nicht diejenigen Wege aufzeigen, die sie aus Erwachsenensicht für richtig halten, sondern kritisches Hinterfragen und die eigenen Wege der Kinder zulassen und unterstützend begleiten. Hierzu

müssen es frühpädagogische Fachkräfte aushalten, wenn Kinder sich aus ihrer Erwachsenensicht auf „Irrwegen" befinden.

1 Stellen Sie Gemeinsamkeiten und Unterschiede von Selbstbildungs- und Ko-Konstruktionsansatz heraus.

2 Beschreiben und unterscheiden Sie die Aufgaben der Pädagogen in Selbstbildungsansatz und Ko-Konstruktionsansatz.

3 Untersuchen Sie einen Bildungsplan Ihrer Wahl auf das zugrunde liegende Bildungsverständnis.

4 Was ist unter „naturwissenschaftlicher Halbbildung" zu verstehen?

Lösungen zu den Lernfragen gibt es unter www.reinhardt-verlag.de.

2 Das Kind mit seinen Fähigkeiten, Entwicklungen und Interessen

Nach Piagets Stufenmodell sind Kinder zwischen zwei und sieben Jahren noch nicht in der Lage, logische Schlüsse zu ziehen und entsprechende Regeln anzuwenden. Dies führte lange Zeit zu der Annahme, dass u.a. naturwissenschaftliche Bildung erst im Schulalter relevant sei. Inzwischen ist diese Sichtweise umstritten und zahlreiche Untersuchungen zeigen, dass Kinder bereits ab dem Säuglingsalter über intuitives Wissen und Fähigkeiten verfügen, die dem Bereich der Naturwissenschaften zuzuschreiben sind.
Trotz dieser sogenannten Vorläuferfähigkeiten stimmen kindliche Vorstellungen oftmals nicht mit anerkannten wissenschaftlichen Theorien überein. In diesen Fällen geht es nicht darum, diskrepante Vorstellungen eines Kindes als „falsch“ zu deklarieren und ad hoc zu verbessern.
Ziel der Pädagogen sollte es sein, die Perspektiven der Kinder zu verstehen, und gegebenenfalls gemeinsam Wege zu finden, wie sie ihre Vorstellungen an der Wirklichkeit überprüfen können. Das konkrete Erleben von Natur ist in zweierlei Hinsicht wichtig für die kindliche Entwicklung. Es begünstigt sowohl die physische und psychische Gesundheit als auch die kognitive Entwicklung, da eine naturnahe Umgebung Kindern ein besonders förderliches Reizumfeld bietet. Außerdem bieten Naturerfahrungen selbstverständlich

Impulse für das Stellen von Fragen und die Entwicklung von Interesse an Naturphänomenen. Dieses Interesse ist die Basis für frühe naturwissenschaftliche Bildung.

2.1 Entwicklungspsychologische Aspekte

Die Beschäftigung mit Theorien zur kognitiven Entwicklung ist im Rahmen der naturwissenschaftlichen Bildung zur Beantwortung der Frage, welche Fähigkeiten kleine Kinder in diesem Bereich bereits mitbringen, von zentraler Bedeutung. Um diese Fragestellung diskutieren zu können, werden in diesem Kapitel die wesentlichen Aspekte unterschiedlicher Theorien zur kognitiven Entwicklung dargestellt. Hierbei handelt es sich um einen bereichsübergreifenden, lange Zeit in diesem Forschungsfeld dominierenden Ansatz sowie um zwei aktuellere Theorien zur bereichsspezifischen kognitiven Entwicklung. Die Darstellung der unterschiedlichen Ansätze erfolgt in überblicksartiger Weise. Für eine tiefer gehende Auseinandersetzung wird an entsprechender Stelle auf weiterführende Literatur verwiesen.

2.1.1 Die kognitionspsychologische Sichtweise Piagets

Lange Zeit dominierte Piagets (1972) bereichsübergreifende Theorie zur kognitiven Entwicklung das Forschungsgebiet der Entwicklungspsychologie. Piaget erforschte in zahlreichen empirischen Untersuchungen die Denkentwicklung von Kindern und veröffentlichte seine Ergebnisse in einem mehr als zehn Bände umfassenden Gesamtwerk mit dem Titel „Die Entwicklung des Erkennens“. Auch wenn seine Theorie inzwischen durch neuere Forschungsergebnisse zunehmend in die Kritik gerät, ist sie dennoch ein wichtiger Bestandteil der aktuellen wissenschaftlichen Forschung.

Konstruktion der Wirklichkeit durch Interaktion mit der Umwelt

Die Theorie Piagets geht von der Grundannahme aus, dass sich jedes Kind seine Wirklichkeit in der Interaktion mit seiner Umwelt konstruiert. Die eigenen Theorien und Vorstellungen werden im Laufe der kindlichen Entwicklung immer wieder verändert und der Realität angepasst. Piaget unterscheidet zwei komplementäre Begriffe der Adaption: Assimilation und Akkomodation.

INFO

Assimilation und Akkomodation
Als **Assimilation** bezeichnet Piaget die Implementierung von Neuem in bestehende mentale Strukturen in Abgrenzung zum Vorgang der **Akkomodation**, der die Anpassung an die Erfordernisse der Umwelt durch Interaktion mit der selbigen beschreibt (Sodian 2008, 437).

Assimilation

Ein kleines Kind hat zum Beispiel gerade gelernt, einen Apfel zu essen. D. h., es hat gelernt, dass es zunächst den Apfel an den Mund führen, dann den Mund öffnen und schließlich ein Stück herausbeißen muss. Wird diesem Kind nun eine Birne angeboten, so ist es wahrscheinlich, dass es mit der Birne auf die gleiche Weise verfährt, wie mit dem Apfel. Der Umgang mit der Birne wird also in das bestehende Handlungsrepertoire integriert. Dieser Vorgang wird als Assimilation bezeichnet.

Akkomodation

Wird demselben Kind ein Bauklotz angeboten, so wird das Kind – sofern es zuvor noch keinen Kontakt mit einem Bauklotz hatte – eventuell durch die Assimilation gestützt versuchen, diesen Bauklotz auf ähnliche Weise zu verwenden und ihn zu essen. Da der Bauklotz jedoch keine Nahrung darstellt, genügt die Assimilation hier nicht zur Bewältigung dieser Situation und das Kind muss akkommodieren und damit sein Wissen um die neuen Erkenntnisse erweitern.

Äquilibration

Das Streben nach dem Herstellen eines Gleichgewichts zwischen den Prozessen der Akkomodation und Assimilation wird als Äquilibration bezeichnet. Dieser Äqulilibrationsprozess stellt für Piaget den innersten Kern und das Ziel aller biologischen Entwicklungsgeschehen dar.

Stufentheorie

Zu einem wesentlichen und am meisten bekannt gewordenen Inhalt der Piaget'schen Theorie gehört die Auffassung von einem Entwicklungsprozess, der sich in gesetzmäßiger Abfolge verschiedener Entwicklungsstufen vollzieht (→ Tab. 3). Diese Stufen bauen aufeinander auf und bedingen sich gegenseitig.

INFO

Stufentheorie nach Piaget
Piaget unterschied vier Hauptstufen der kognitiven Entwicklung im Kindes- und Jugendalter:
- die sensomotorische Stufe (ca. 0–2 Jahre)
- die präoperationale Stufe (ca. 2–7 Jahre)
- die konkret-operationale Stufe (ca. 7–11 Jahre)
- die formal-operationale Stufe (ab ca. 11 Jahren)

Im Folgenden sollen die wesentlichen Merkmale der einzelnen Stufen kurz aufgeführt werden.

sensomotorische Stufe

Grundbausteine der sensomotorischen Stufe sind die angeborenen Reflexe des Babys, wie z. B. Saugen und Greifen, aus denen sich alle höheren Formen der Kognition entwickeln. Während am Anfang der sensomotorischen Stufe noch keine Suche nach vollständig verdeckten Objekten erfolgt, ist gegen Ende dieser Stufe die Fähigkeit zur Objektpermanenz vorhanden. D. h., das Kind hat gelernt, dass Objekte und Personen weiterhin existieren, auch wenn es sie nicht unmittelbar sehen kann. Es verfügt demnach über die Fähigkeit zur mentalen Repräsentation.

präoperationale Stufe

Die präoperationale Stufe umfasst in etwa die Altersspanne 2–7 Jahre und deckt sich damit ungefähr mit der Altersgruppe, in der die meisten Kinder eine vorschulische Einrichtung besuchen. In dieser Phase erlangen die Kinder ein Bewusstsein dafür, dass ein Ding für ein anderes stehen und dieses damit repräsentieren und symbolisieren kann. Hauptsächlich überwiegen in Piagets Beschreibung des kindlichen Denkens in dieser Phase jedoch die noch bestehenden Schwächen. Eine dieser Schwächen ist Egozentrismus, der es Kindern in diesem Alter unmöglich macht, eine andere Perspektive als die eigene einzunehmen. Eine weitere Schwäche besteht in der Schwierigkeit, Hypothesen zu bilden oder eine Situation vollständig zu analysieren, da die Tendenz besteht, den Fokus ausschließlich auf ein Merkmal eines Objekts oder ein Ereignis zu legen und damit andere wichtige Merkmale zu übersehen.

konkret- operationale Stufe

Die beschriebenen „Denkfehler“ werden in der konkret-operationalen Stufe (ca. 7–11 Jahre) überwunden. Der Fortschritt in der Denkentwicklung zeigt sich z. B. in dem neu entstandenen Bewusstsein über Invarianz, das Piaget durch seine berühmt gewordenen „Umschüttversuche“ mit verschieden hohen und breiten Gläsern nachwies.

Kinder haben auf dieser Stufe ein Verständnis dafür entwickelt, dass sich das Volumen einer Flüssigkeit durch das Umgießen in einen anderen Behälter nicht ändert. Sie sind am Ende dieser Stufe in der Lage, Operationen gedanklich rückgängig zu machen sowie mehrere Aspekte gleichzeitig zu beachten. Allerdings ist das kindliche Denken auf dieser Stufe noch an das konkret Wahrnehmbare gebunden.

formal-operationale Stufe

In dieser Phase (ab ca. 11 Jahren) ist das Denken des Jugendlichen nicht mehr an die konkrete Anschauung gebunden. Der Jugendliche ist nun z. B. in der Lage, Hypothesen zu bilden, Beobachtungen und Hypothesen miteinander in Beziehung zu setzen und Schlussfolgerungen zu ziehen.

Tab. 3: Übersicht über die Entwicklungsstufen nach Piaget

Phase	Alter	Besondere Merkmale und entwickelte Fähigkeiten am Ende der Phase
Sensomotorische Phase	0–2 Jahre	– Handlungen können innerlich vollzogen und vorausgeplant werden – Objektpermanenz – mentale Repräsentation
Präoperationale Phase	2–7 Jahre	– Umgang mit Symbolen – Egozentrismus – Kein Erfassen einer ganzen Situation möglich, da Konzentration auf ausschließlich einen Aspekt
Konkret-operationale Phase	7–11 Jahre	– Bewusstsein über Invarianz – Denken ist noch an konkret Wahrnehmbares gebunden – Verschiedene Aspekte eines Gegenstandes oder Vorgangs können gleichzeitig erfasst und zueinander in Beziehung gesetzt werden
Formal-operationale Phase	11–15 Jahre	– Denken ist nicht mehr an die konkrete Anschauung gebunden – Denkoperationen können mit abstrakten, nicht mehr konkret vorstellbaren Inhalten durchgeführt werden – logisches Denken

Die angegeben Altersstufen wurden von Piaget selbst nur zur ungefähren Orientierung angegeben.

Eine ausführliche Darstellung des Stufenmodells findet sich in Sodian, B. (2008): Entwicklungspsychologie. Beltz, Weinheim/Basel

Die kognitive kindliche Entwicklung verläuft also nach Piaget in festen, aufeinander aufbauenden Phasen. Bestimmte Denkprozesse sind demnach erst ab einem bestimmten Alter möglich. Z. B. ist nach Piaget das Kind in der präoperationalen Phase noch nicht in der Lage logische Regeln anzuwenden oder differenziert wahrzunehmen.

Die Annahme, dass Kinder erst ab der Pubertät zu systematisch naturwissenschaftlichem Denken in der Lage seien, führte lange Zeit dazu, dass naturwissenschaftliche Bildung und vor allem der Bereich der unbelebten Natur erst ab der weiterführenden Schule als sinnvoll erachtet wurde.

Kritik an Altersangaben

Piagets Stufentheorie ist heutzutage umstritten. Der Hauptkritikpunkt bezieht sich auf die Verbindlichkeit der Altersangaben, die den jeweiligen Stufen zugeordnet werden. In empirischen Untersuchungen konnte gezeigt werden, dass besonders die konkret-operationale Phase bereits von wesentlich jüngeren Kindern erreicht wird.

Kritik an Untersuchungsmethode

Ein weiterer Kritikpunkt bezieht sich auf die Untersuchungsmethode, die Piaget seinen Studien zugrunde legt. Er führte hauptsächlich Einzelinterviews mit Kindern durch. Durch Interviews mit Kindern können zwei Fehlerquellen auftreten:

- Der Sprachkompetenz des Kindes kommt im Interview eine große Bedeutung zu. D.h., mangelnde Sprachkompetenz kann irrtümlicherweise mit einer späteren geistigen Entwicklung in Zusammenhang gebracht werden.
- Interviewt ein Erwachsener ein Kind, so kann dies dazu führen, dass das Kind so antworten möchte, wie es annimmt, dass der Erwachsene es erwartet. Es möchte sich eventuell so verhalten, wie es sozial erwünscht ist. Dies kann zu „falschen" Antworten der Kinder führen.

Verschiedene Untersuchungen mit Kindern unter geänderten Bedingungen zeigen, dass Kinder zur Lösung von Aufgaben in der Lage waren, die sie unter den Piaget'schen Versuchsbedingungen nicht lösen konnten.

Während die Theorie zur kognitiven Entwicklung von Piaget als bereichsübergreifend bezeichnet werden kann, handelt es sich bei den beiden aktuelleren im Folgenden dargestellten Theorien um sogenannte bereichsspezifische Theorien.

2.1.2 Intuitive Theorien

kognitive Fähigkeiten von Säuglingen

Entgegen der Theorie von Piaget verstehen die intuitiven Theorien den Säugling als ein mit kognitiven Fähigkeiten ausgestattetes Wesen, das kausale Schlüsse ziehen kann (Pauen 2003).

Intuition über physikalische Phänomene

Jedes Kind besitzt demnach bereits Intuitionen über physikalische Phänomene, auch ohne dass es sich je bewusst mit diesen auseinandergesetzt hat. Nach neueren Theorien zur kognitiven Entwicklung von Kleinkindern erfolgt der Wissenserwerb in unterschiedlichen Bereichen oder Domänen auf jeweils andere Weise.

intuitives Wissen

Diese sogenannten „bereichsspezifischen Ansätze" (Wilkening et al.

2009, 57) gehen davon aus, dass bereits Säuglinge über intuitives Wissen in den unterschiedlichen Bereichen verfügen. Unter intuitivem Wissen wird ein Wissen verstanden, das wissenschaftsunabhängig ist und sich spontan entwickelt.

Im Folgenden soll auf wesentliche Inhalte der intuitiven Physik und intuitiven Biologie eingegangen werden.

Intuitive Physik

Als **intuitive Physik** wird die Gesamtheit unseres Alltagswissens über die gegenständliche Welt bezeichnet.

verbalisierbare und nicht verbalisierbare Anteile

Dieses Wissen umfasst sowohl einen verbalisierbaren als auch einen nicht verbalisierbaren Anteil. Der verbalisierbare Anteil, die sogenannte naive Physik, entwickelt sich im Laufe des Vorschulalters und bildet die Grundlage naiver physikalischer Konzepte und Theorien, die teilweise trotz Konfrontation mit der Schulphysik bis ins Erwachsenenalters beibehalten werden. Der nicht verbalisierbare Anteil der intuitiven Physik setzt sich aus wahrnehmungs- und handlungsbezogenem Wissen zusammen. Dieser Bereich entwickelt sich bereits im frühen Säuglingsalter (Krist et al. 1996, 340).

Habituation-Dishabituations Methode

Um Aufschluss darüber zu erlangen, welches physikalische Wissen bei Säuglingen bereits vorhanden ist, wurden von Wissenschaftlern besondere Methoden entwickelt, um Zugang zum frühkindlichen Denken zu erhalten. Vielfach verwendet wird die sogenannte Habituation-Dishabituations Methode.

INFO

Habituation-Dishabituations Methode

Bei der **Habituation-Dishabituations Methode** (Pauen 2003, 291) nutzt man die beim Säugling etwa ab dem zweiten Monat auftretende Tendenz, unbekannte Dinge und Ereignisse länger zu betrachten als bekannte („Novelty Preference"). Z.B. wurden Säuglingen Bilder oder Töne so lange präsentiert, bis sie sich daran gewöhnt hatten (Habituation). Daran anschließend wurde den Kindern ein neuer Reiz präsentiert und die Reaktion auf diesen daran gemessen, ob das Kind länger hinschaut oder intensiver an seinem Schnuller nuckelt (Dishabituation).

Diese Methode wird dazu verwendet, um der Fragestellung nachzugehen, inwieweit die Fähigkeit bei Säuglingen vorhanden ist, zwischen verschiedenen Mustern, Dingen oder Ereignissen zu differenzieren.

Prinzipien intuitiver Physik

Die Intuitionen über Physik umfassen nach Spelke (1994, zit. nach Oerter / Montada 2007, 467) das **Wissen über folgende Objekteigenschaften**:

- **Das Prinzip der Kontinuität.** Objekte sind feste, kontinuierlich existierende Körper.
- **Das Prinzip der Kohäsion.** Objekte bewegen sich als zusammenhängende Einheiten.
- **Das Prinzip des Kontakts.** Körper können die Bewegung eines anderen Körpers nur durch Berührung desselben beeinflussen.

Um diese Annahmen zu belegen, wurden zu den einzelnen Prinzipien jeweils verschiedene Experimente mit Säuglingen durchgeführt.

Versuch zur Kontinuität

Baillargeon (1987, zitiert nach Keller 2011, 550 ff.) erforschte, inwieweit bereits bei Säuglingen ein Wissen über Objektpermanenz vorhanden ist.

Durchführung

Dazu wurde Säuglingen eine rotierende Drehbrücke gezeigt, die sich abwechselnd zum Kind hin und vom Kind weg bewegte. Nach der Habituationsphase wurde ein fester Gegenstand in das Rotationsfeld gestellt und die Drehbrücke erneut rotiert. Das Experiment erfolgte mittels zwei verschiedener Anordnungen. In Anordnung eins wurde die rotierende Brücke durch den festen Gegenstand gestoppt. In Anordnung zwei wurde die Brücke nicht gestoppt, sondern rotierte durch den Gegenstand hindurch. Es wurde also ein physikalisch unmögliches Ereignis gezeigt. Gemessen wurde jeweils die Blickdauer der Säuglinge bei beiden Versuchsanordnungen.

Ergebnis

Es zeigte sich, dass die Säuglinge das physikalisch unmögliche Ereignis länger fixierten, als das Ereignis, das mit ihren Erwartungen übereinstimmte.

Dieses Ergebnis deckt sich mit Befunden von Spelke et al. (1994, zit. nach Keller 2011, 550 ff.) zur Objektpermanenz. Bei diesen Versuchen wurde Säuglingen ihre Mutter mehrfach gespiegelt gezeigt. Kinder im Alter von unter sechs Monaten zeigten erhöhte Freude, während Kinder im Alter von über sechs Monaten verwirrt reagierten oder sogar zu weinen anfingen.

Folgerung

Spelke et al. (1994, zit. nach Keller 2011) zogen daraus den Schluss, dass ein Kind mit etwa sechs Monaten in der Lage ist, zu verstehen, dass ein Objekt nicht an verschiedenen Orten gleichzeitig sein kann.

Versuch zum Kohäsionsprinzip

Um zu zeigen, dass bereits drei Monate alte Säuglinge über das Kohäsionsprinzip verfügen, führten Spelke et al. (1995) folgenden Versuch durch:

Durchführung

In der Habituationsphase zeigten sie den Säuglingen eine Kartonscheibe, die auf einer ansonsten leeren Bühne stand. Nach einer kurzen Zeit wurde die Kartonscheibe von einer Hand an der oberen Kante ergriffen und nach oben, vom Bühnenboden wegbewegt. In einer zweiten Versuchsanordnung, wurde die Kartonscheibe wiederum von einer Hand ergriffen, jedoch wurde nur der obere Teil der Scheibe nach oben geführt, der untere Teil verblieb auf dem Bühnenboden.

Ergebnis

Obwohl die Säuglinge in einem Vortest keine Präferenz für die zweigeteilte Scheibe gezeigt hatten, war die Fixationsdauer in der zweiten Versuchsanordnung signifikant länger als in Versuchsanordnung eins.

Folgerung

Spelke et al. (1995, 166 ff.) folgerten daraus, dass in Versuch zwei den Erwartungen der Säuglinge nicht entsprochen wurde und sie deshalb das Geschehen länger fixierten. Daraus leiteten sie ab, dass bereits Säuglinge ein Gespür dafür haben, dass sich solide Objekte als kompakte Einheiten verhalten.

Versuch zum Kontaktprinzip

Das intuitive Wissen über das Kontaktprinzip wurde vornehmlich im Zusammenhang mit kausalen Schlussfolgerungen bei Kollisionsereignissen untersucht. Um eine Kollision kausal interpretieren zu können, ist es zunächst notwendig, ein Verständnis davon zu haben, dass diese sich aus zwei verschiedenen Bewegungen zusammensetzt. Leslie (1984, zit. nach Keller 2011, 560) führte Experimente mit sechs bis sieben Monate alten Säuglingen durch, um zu erforschen, ob Säuglinge in diesem Alter bereits über dieses Verständnis verfügen.

Durchführung

Dazu wurde in der Habituationsphase Säuglingen ein Film gezeigt, in dem sich ein Würfel in einer Bewegung von rechts nach links über den Bildschirm bewegte und in der Mitte des Bildschirms seine Farbe von rot nach grün änderte. Nach Abschluss der Habituationsphase wurde der Film dahingehend geändert, dass der grüne Würfel einen roten anstieß, und somit also zwei zusammengesetzte Bewegungen gezeigt wurden.

Leslie ging dabei von der Annahme aus, dass die Säuglinge den zweiten Film länger fixieren würden als den ersten, wenn sie das gezeigte Ereignis als ein aus zwei zusammengesetzten Bewegungen bestehendes wahrnehmen würden, das erste Ereignis jedoch als eine Bewegung.

Ergebnis

Es zeigte sich, dass die Säuglinge tatsächlich den zweiten Film mit erhöhter Aufmerksamkeit betrachteten.

Folgerung

Daraus zog Leslie den Schluss, dass Säuglinge im Alter von sechs bis sieben Monaten in der Lage sind zu erkennen, dass sich eine Kollision aus zwei Bewegungen zusammensetzt.

Spelke et al. konnten ebenfalls durch Versuche mit siebeneinhalb Monate alten Babys zeigen, dass die Babys in diesem Alter gezeigte Kollisionsereignisse bereits kausal interpretieren (zit. nach Sodian 2008, 468 ff.)

Die Versuchsergebnisse weisen darauf hin, dass bereits Babys ein Verständnis dafür zu haben scheinen, dass nur unbelebte Objekte Kontakt mit einem anderen Objekt benötigen, um sich in Bewegung zu setzen, Lebewesen jedoch nicht. Nur bei unbelebten Objekten reagierten Säuglinge mit längerer Fixationsdauer, wenn sie sich in Bewegung setzten, ohne dass zuvor ein physischer Kontakt mit einem zweiten Objekt stattgefunden hatte. In einem zweiten Versuch, der mit Personen durchgeführt wurde, konnte keine längere Fixationsdauer bei dem gleichen Ereignis festgestellt werden.

Die Annahme, dass ein kausales Verständnis von Kollisionsereignissen angeboren ist, ist allerdings umstritten.

Kontextspezifität physikalischen Wissens

Obwohl sich kindliches Wissen über physikalische Gesetzmäßigkeiten bereits früh entwickelt, bleibt es doch in etlichen Bereichen rückständig. In vielen Untersuchungen konnte gezeigt werden, dass physikalisches Wissen eine hohe Kontextspezifität aufweist. Je nach Kontext äußerten die befragten Kinder unterschiedliche Erklärungen für dieselben physikalischen Gesetzmäßigkeiten.

Intuitive Biologie

Unterscheidung belebt und unbelebt

Neben dem Wissen über Objekteigenschaften, die der Domäne der Physik zuzuordnen sind, weisen Ergebnisse der aktuellen psychologischen Forschung darauf hin, dass ebenso Wissen aus dem Bereich der Biologie bei Säuglingen bereits vorhanden ist. Zu diesem Wissen zählt z. B. die Fähigkeit, zwischen belebt und unbelebt zu unterscheiden. Bereits im Alter von zwei Monaten scheinen Säuglinge zwischen Lebewesen und unbelebten

Objekten zu differenzieren. Als wichtigstes Unterscheidungskriterium zwischen Lebewesen und unbelebten Objekten scheint für Babys die selbstgenerierte Bewegung zu gelten (Wilkening et al. 2006, 59). Die Versuche mit Säuglingen weisen darauf hin, dass ein fundamentales Verständnis über Objekteigenschaften sowie über die Differenzierung zwischen Lebewesen und unbelebten Objekten bereits vorhanden ist.

2.1.3 Enrichment versus Conceptual Change

zwei Sichtweisen auf kognitive Entwicklung

Innerhalb der bereichsspezifischen Ansätze können grundsätzlich zwei Sichtweisen auf die kognitive Entwicklung von Kleinkindern unterschieden werden: die „Enrichment-Sicht“ und die „Conceptual-Change-Sicht“ (Pauen / Pahnke 2009, 106).

Die „Enrichment-Sicht“: Vertreter der „Enrichment-Sicht“, wie z. B. die amerikanische Forscherin Elisabeth Spelke, gehen davon aus, dass ein Kernwissen in den einzelnen Domänen angeboren ist, das in der weiteren Entwicklung weiter angereichert wird. Im Bereich Physik besteht das Kernwissen z. B. aus dem Wissen über Objekteigenschaften.

Die „Conceptual-Change-Sicht“: Vertreter der „Conceputal-Change-Sicht“, wie z. B. Susan Carey, gehen davon aus, dass bereits vorhandenes Wissen nicht angereichert wird, sondern radikale Wissensveränderungen stattfinden. Nach Carey unterscheiden sich die intuitiven Theorien, die Kinder zur Erklärung der Welt bilden, grundlegend von den Theorien der Erwachsenen.

Nach diesen Sichtweisen bedeutet kognitive Entwicklung entweder eine Anreicherung der bisher bestehenden Theorien („Enrichment-Sicht“) oder einen Theorienwandel („Conceptual-Change-Sicht“).

Enrichment-Sicht

Eine Anreicherung einer bestehenden Theorie im Bereich der Biologie wäre z. B. eine Wissenserweiterung durch das Kennenlernen neuer Pflanzen oder Tiere, ohne dass die bisher bestehende Theorie über Pflanzen oder Tiere geändert werden müsste (Oerter 2007, 123).

Conceptual-Change-Sicht

Ein Theorienwandel hingegen würde stattfinden, wenn sich die bisherige Theorie über Pflanzen und Tiere ändert. Z. B. steht für Kinder zunächst die Unterscheidung zwischen Pflanze und Tier im Vordergrund – Tiere bewegen sich, Pflanzen nicht. Zu einem späteren Zeitpunkt werden jedoch auch die Gemeinsamkeiten entdeckt, wie z.B. die Fähigkeit, sich zu vermehren und den Nachkommen ihre Merkmale weiterzuvererben. In diesem Fall kann also von einem Theorienwandel gesprochen werden. Die beiden Theorien widersprechen sich nicht zwangsläufig, sondern können vielmehr als gegenseitige Ergänzung gesehen werden. Von der Annahme ausgehend, dass ein bestimmtes Kernwissen angeboren ist, das im Laufe des Lebens nicht verändert wird, kann gleichzeitig angenommen werden, dass ein Erfahrungswissen existiert, das durch neue Erfahrungen ständig angepasst wird (Pauen / Pahnke 2009, 107).

In der aktuellen psychologischen Forschung wird davon ausgegangen, dass sich Kinderdenken nicht grundsätzlich vom Denken Erwachsener unterscheidet. Kinder können jedoch auf weniger Erfahrungen zurückgreifen und werden aus diesem Grund auch als „universelle Novizen" bezeichnet, die über ein angeborenes Kernwissen verfügen (Stern / Schumacher 2004, 121). Um in der modernen Gesellschaft zu überleben, reicht jedoch dieses intuitive Grundwissen nicht aus. Es ist beispielsweise notwendig, die Geschwindigkeit von Autos richtig einschätzen oder auch den alltäglichen Umgang mit Elektrizität gefahrlos meistern zu können.

2.1.4 Kindliche Vorstellungen über naturwissenschaftliche Phänomene

„Misconceptions" oder „alternative Konzepte"

Misconceptions

Untersuchungen bestätigen, was praktische Erfahrungen mit Kindern vermuten lassen: Kindliches Wissen über die Welt stimmt häufig nicht mit den aktuell anerkannten wissenschaftlichen Theorien überein. Es gibt eine Vielzahl an Belegen für fehlerhafte Vorstellungen, die als „Misconceptions" bezeichnet werden.

Eine ausführliche Darstellung hierzu findet sich in Sodian, B. (2008): Entwicklungspsychologie. Beltz, Weinheim / Basel

Alternative Conceptions

Diese „Fehlvorstellungen" beruhen auf Erfahrungen, die im Umgang mit Gegenständen gemacht wurden. Die Bezeichnung Misconceptions impliziert eine Wertung nach „falsch" und „richtig". Im Bereich der pädagogischen Psychologie wird aus diesem Grund der Begriff „Alternative Conceptions“ verwendet (Bödeker 2006, 21). In Anlehnung an diese Begrifflichkeit sprechen wir im Folgenden von „alternativen Theorien“ und grenzen uns damit von dem wertenden Begriff der „Fehlvorstellung“ ab.

alternative Konzepte bis ins Erwachsenenalter

Selbst Erwachsene, die über eine gute Schulbildung verfügen, halten oft an alternativen Konzepten fest, die häufig erheblich von den in der Schule behandelten physikalischen Gesetzmäßigkeiten abweichen. Als Beispiel für eine alternative Vorstellung fünf- und sechsjähriger Kinder sei das geozentrische Weltbild angeführt (Oerter 2007, 122).

Beispiel für alternative Theorien

Kinder in diesem Alter verfügen häufig verbal über das Wissen, dass die Erde eine Kugel sei. Werden sie jedoch dazu befragt, wo auf der Kugel die Menschen wohnen, so ist die Antwort entweder im Innern der Erdkugel oder auf ihrem oberen Teil. Die Umstrukturierung dieser Theorie kann Jahre dauern und setzt ein Wissen über Gravitation voraus.

Animismus und Anthropomorphismus

Während man als **Animismus** Vorstellungen bezeichnet, die von einer beseelten Natur ausgehen, werden unter **Anthropomorphismus** Vorstellungen zusammengefasst, nach denen menschliche Eigenschaften auf nicht menschliche Dinge oder Lebewesen übertragen werden (Lück 2009, 98 f.).

Zuschreiben menschlicher Eigenschaften

Kinder setzen andere Menschen, aber auch Tiere, Pflanzen oder Gegenstände häufig mit sich selbst gleich. Sie schreiben damit auch den nicht menschlichen Objekten menschliche Eigenschaften zu und gehen davon aus, dass diese lebendig sind. Das Zuschreiben menschlicher Eigenschaften, Verhaltensweisen und Gefühle zeigt sich auch im Praxisbeispiel „Schneckenprojekt“ in Kap. 4.3.1 in diesem Buch.

Zusammenhang Vorstellungen und Alter

Kinder verallgemeinern also die Erfahrungen des eigenen Lebens und projizieren diese auf Objekte in ihrer Umwelt. Dies führte Piaget auf einen kindlichen Egozentrismus zurück und beschrieb in diesem Zusammenhang eine Abfolge unterschiedlicher Stadien bei Kindern zwischen 3 und 13 Jahren, wobei er mit zunehmendem Alter eine Abnahme animistischer und anthropomorphistischer Vorstellungen feststellte. Dieser Zusammenhang zwischen Vorstellungen und Alter ist heute umstritten. Einige weitere Studien weisen darauf hin, dass animistische Interpretationen zwar tatsächlich mit zunehmendem Alter abnehmen, dass es hierbei jedoch immense individuelle Unterschiede gibt. Weiter ist festzuhalten, dass Vorstellungen über die Beseelung der Natur in Zusammenhang mit der herrschenden Kultur zu sehen sind.

In bestimmten Naturvölkern beispielweise interpretieren auch Erwachsene Natur animistisch (Gebhard 2009, 51 ff.).

Gründe für kindlichen Animismus und Anthropomorphismus

Während Piaget das kindliche „unreife Denken" auf eine egozentristische Weltsicht zurückführt, kommt Carey (1985, zit. nach Gebhard 2009, 56) zu dem Ergebnis, dass animistische Vorstellungen auf Wissensdefizite im Kindesalter zurückzuführen sind. Beide Annahmen sind jedoch kritisch zu betrachten. Sie bewerten das kindliche Denken – Normen der Naturwissenschaften zugrunde legend – als „falsch" und „fehlerhaft". Allerdings zeigt Mähler (1995) ausgehend von Fallstudien, dass Kinder bereits im Elementarbereich klar zwischen animistischen und rationalen Sichtweisen unterscheiden können. Zudem liegen inzwischen Erkenntnisse vor, welche zeigen, dass animistische Vorstellungen motivierend auf Kinder wirken und damit durchaus förderlich für naturwissenschaftliche Bildungsprozesse sein können (zit. nach Gebhard 2009, 57 ff.).

Animismus als Ausdruck kindlicher Fantasie

Wir vertreten – aufgrund dieser Erkenntnisse und ausgehend von Gebhard (2009) – die Sichtweise, dass animistische Vorstellungen Ausdruck kindlicher Fantasie und Kreativität sind. Damit wird infrage gestellt, dass die kindlichen Vorstellungen von beseelter Natur als „fehlerhaft" anzusehen und entsprechend zu korrigieren sind.

2.1.5 Wissenserwerb im Bereich Physik

In diesem Kapitel wird der Wissenserwerb im Kindesalter auf der Grundlage verschiedener empirischer Befunde zu kindlichem Wissen in unterschiedlichen Bereichen der Physik dargestellt.

Als weiterführende Literatur sei an dieser Stelle verwiesen auf Wilkening, F., Huber, S., Cacchione, T. (2006): Intuitive Physik. In: Schneider, W., Sodian, B. (Hrsg.): Enzyklopädie der Psychologie: Entwicklungspsychologie, Bd. 2. Hogrefe, Göttingen

Zeit und Geschwindigkeit

Das kindliche Verständnis von Zeit ist in der psychologischen Forschung ein vielfach untersuchtes Thema. Eine Schwierigkeit, die sich bei diesem Thema zeigt, sind die verschiedenen Sichtweisen auf das Konzept „Zeit". Zu unterscheiden ist hierbei zwischen der konventionellen, der psychologischen und der physikalischen Sicht auf Zeit.

Während in Studien zur konventionellen Zeit das kindliche Verständnis von Zeiteinheiten wie z. B. Sekunden, Wochen, Tagen etc. untersucht wird, liegt in Studien zur psychologischen Zeit der Fokus auf der mentalen Repräsentation und Schätzungen von Zeitintervallen. Studien zur physikalischen Sichtweise auf Zeit untersuchen das kindliche Verständnis über das Verhältnis von Zeit, Geschwindigkeit und Weg. Die im Folgenden berichteten Forschungsergebnisse beziehen sich auf die physikalische Sichtweise auf Zeit.

Zusammenhang zwischen Zeit und Geschwindigkeit

Piaget war einer der Ersten, der die Entwicklung des Zeitkonzepts im Zusammenhang mit dem Geschwindigkeitskonzept erforschte. Er kam zu dem Ergebnis, dass sowohl das Zeit- als auch das Geschwindigkeitskonzept einem langen Entwicklungsprozess unterworfen sind, und sich vermutlich das Geschwindigkeitskonzept vor dem Zeitkonzept entwickelt.

Weitere Studien Ende der 1970iger bzw. Anfang der 1980iger Jahre bestätigten die Ergebnisse, die Piaget in seinen Untersuchungen gewonnen hatte.

Wilkening et al. (2006, 834) schließlich konnte unter Verwendung geänderter Versuchsbedingungen nachweisen, dass bereits 5-jährige Kinder über ein funktionales Verständnis der Beziehung von Zeit und Geschwindigkeit verfügen.

Jedoch konnte in Folgeuntersuchungen gezeigt werden, dass 5-jährige dieses Wissen nicht in jedem Kontext anwenden können, und dass selbst Erwachsene oft überraschend unzureichende Urteile in diesem Bereich abgeben (Wilkening et al. 2006, 834).

Trajektorien bewegter Objekte

Der physikalische Begriff Trajektorie bezeichnet die Bahnkurve, auf der sich ein Punkt bewegt.

In verschiedenen Untersuchungen konnte belegt werden, dass bereits vier Monate alte Kinder erwarten, dass ein Objekt senkrecht zu Boden fällt, sofern es nicht durch ein anderes Objekt gebremst oder umgelenkt wird. Dieses Konzept scheint als eine globale Annahme über einen längeren Zeitraum bei den meisten Kindern erhalten zu bleiben.

Konzept von Schwerkraft und Trägheit

Kim und Spelke (1999, zit. nach Wilkening et al. 2006, 837) konnten in einem Experiment zum Wissen über Schwerkraft und Trägheit nachweisen, dass erst 6-jährige Kinder die Falllinie eines Balls richtig vorhersagen können und damit sowohl das Konzept der Trägheit als auch der Schwerkraft richtig berücksichtigen.

Durchführung

In diesem Experiment wurden Kinder im Alter zwischen zwei und sechs Jahren gebeten, die Falllinie eines Balls, der über eine leicht nach oben geneigte Rampe hinaus rollt, vorherzusagen. Dabei wurden den Kindern folgende Antwortmöglichkeiten zur Wahl gestellt:

1 Der Ball fällt senkrecht nach unten (keine Berücksichtigung der Trägheit);

2 die Falllinie des Balls ist parabelförmig (richtige Antwort);

3 der Ball bewegt sich linear weiter (keine Berücksichtigung der Schwerkraft).

Ergebnis

Die Mehrheit der befragten Kinder im Alter von bis zu 4 Jahren entschied sich für die Antwortalternative (1) und ignorierte damit das Gesetz der Trägheit. Erst im Alter von sechs Jahren waren die meisten Kinder in der Lage, die richtige Antwort zu geben und damit sowohl die Trägheit als auch die Schwerkraft zu berücksichtigen.

In weiterführenden Untersuchungen sowohl mit Kindern als auch mit Erwachsenen wurden die Probanden nach der Falllinie eines Balls befragt, der aus einem fahrenden Wagen fällt oder von einer Person im Laufen fallen gelassen wird. Die Mehrheit der befragen Kinder, aber auch viele Erwachsene gaben an, dass der Ball in einer vertikalen Linie senkrecht nach unten fallen würde.

Folgerung

Aus den dargestellten Ergebnissen lassen sich folgende Schlüsse ziehen:

- Die Entwicklung des Verständnisses über die Wirkung von physikalischen Kräften auf die Falllinie eines Objektes vollzieht sich in einem langsamen und komplexen Prozess.
- Trotz des schulischen Physikunterrichts bleiben diese vermeintlich kindlichen Alternativkonzepte teilweise bis ins Erwachsenenalter bestehen.

Materie, Masse, Gewicht, Volumen und Dichte

Das Wissen über Materie zählt zu den fundamentalen Domänen der intuitiven Physik. Zu diesem Bereich zählen Objekte in allen Aggregatzuständen wie Festkörper, Flüssigkeiten und Gase.

Bereits im Alter von vier Jahren sind Kinder in der Lage, zwischen der realen Welt und Träumen oder Wünschen zu unterscheiden. Jedoch weisen die Ergebnisse verschiedener Versuche darauf hin, dass Kinder auch Elektrizität, Temperatur, Echo oder auch Schatten der Materie zu ordnen (Wilkening 2006, 845).

Gewichtskonzept

Um zu erforschen, ob Kinder bereits über ein Gewichtskonzept verfügen, wurden mit Kindern verschiedenen Alters Versuche durchgeführt, in denen den Kindern Aufgaben zu der Fragestellung gegeben wurden, ob sich das Gewicht eines Körpers durch die Veränderung seiner Form wandelt.

Die Ergebnisse zeigten, dass sich Kinder zwischen vier und sechs Jahren stark von der physischen Wahrnehmbarkeit des Gewichts leiten lassen und z. B. angaben, ein Stück Styropor oder ein Reiskorn wiege nichts. Erst Kinder im Alter von neun Jahren zeigten ein Verständnis davon, dass sich weder Materie noch Gewicht in Nichts auflösen können – selbst dann nicht, wenn das Objekt in immer kleinere Einheiten unterteilt wird.

Konzept von Dichte

Das Konzept von Dichte scheint sich bei Kindern erst relativ spät in ausgeprägter Form zu entwickeln. Um das kindliche Verständnis über Dichte zu untersuchen, wurden Versuche zum Sinken oder Schwimmen mit Gegenständen unterschiedlicher Größe, Dichte und unterschiedlichen Gewichts durchgeführt.

Die erzielten Ergebnisse verschiedener Versuchsreihen sind heterogen. Sie variieren abhängig von den gewählten Versuchsbedingungen. So zeigten Versuche mit Kindern zwischen acht und dreizehn Jahren, dass der Fokus für die Vorhersage, ob ein Objekt schwimmen würde oder nicht, hauptsächlich auf das Gewicht eines Körpers gelegt und damit die Dichte eines Körpers als wichtigste Größe ignoriert wurde.

Andere Versuche mit Vorschulkindern zeigten jedoch, dass bereits Kinder im Alter von vier Jahren richtige Prognosen über das Schwimm- bzw. Sinkverhalten von Objekten abgaben, wenn sich die Dichte des Festkörpers deutlich von der Dichte des Mediums unterschied.

Die Ergebnisse der verschiedenen Versuche zur Entwicklung des Dichtekonzepts legen die Vermutung nahe, dass sich physikalische Konzepte nicht zu einem bestimmten Entwicklungszeitpunkt plötzlich vollständig entwickelt haben (Wilkening 2006, 847). Vielmehr scheint es viele Jahre zu dauern, und vor allem setzt es zahlreiche Erfahrungen voraus, bis sich ein Verständnis entwickelt hat, das mit den anerkannten physikalischen Theorien im Einklang steht.

Zusammenfassend lässt sich zum einen feststellen, dass die dargestellten Ergebnisse zu den unterschiedlichen physikalischen Bereichen wie Zeit,

Geschwindigkeit, Schwerkraft, Gewicht etc. darauf hinweisen, dass bereits Kinder über eine große Bandbreite physikalischer Konzepte verfügen. Das kindliche Wissen kann als „hoch adaptiv und den Anforderungen des Alltagslebens in idealer Weise angepasst" (Wilkening 2006, 851) bezeichnet werden. Die enorme Variabilität der physikalischen Konzepte scheint der Normalfall der kognitiven Entwicklung auf diesem Gebiet zu sein.

kindliche Vorstellungen verstehen

Zum anderen geht es nicht darum, diskrepante Vorstellungen eines Kindes als „falsch" zu deklarieren und die anerkannten wissenschaftlichen Erklärungen sofort gegenüberzustellen. Vielmehr sollte es das Ziel der Pädagogen sein, die Perspektiven und alternativen Vorstellungen der Kinder zu verstehen und gegebenenfalls gemeinsam Wege zu finden, die kindlichen Vorstellungen an der Wirklichkeit zu überprüfen.

2.2 Die Bedeutung von Naturerfahrungen für die kindliche Entwicklung

Natur als Sinnbild für ein gutes Leben

Natur wird in der heutigen Gesellschaft häufig als Sinnbild für ein gutes Leben gebraucht, und bereits Mitscherlich verwies auf die immense Bedeutung von Naturerfahrungen für die kindliche Entwicklung. Kinder brauchen nach seinen Aussagen „Tiere, überhaupt Elementares, Wasser, Dreck, Gebüsche, Spielraum" (Mitscherlich 1965, 24 zit. nach Gebhard 2009, 74).

2.2.1 Naturerfahrungen und gesunde Entwicklung

Entwicklungspsychologie wie auch Hirnforschung vertreten oft die Meinung, dass das Erleben von Natur in der Kindheit physische und psychische Gesundheit begünstigt, wenn nicht gar hierfür erforderlich ist.

Es stellt sich davon ausgehend die Frage, welchen Einfluss Naturerfahrungen tatsächlich auf eine gesunde Entwicklung haben. Um dieser Frage nachzugehen, fasst Gebhard (2009, 109 ff.) einige empirische Befunde aus unterschiedlichen Forschungsbereichen zusammen.

allgemeine Forschungsergebnisse

Naturerfahrungen führen demnach zur:

- Erholung von geistiger Ermüdung (z. B. Berto 2005)
- Steigerung der Konzentrationsfähigkeit (z. B. Hartig et al. 2003)
- Verbesserung kognitiver Leistungsfähigkeit (z. B. Berman et al. 2008)
- Steigerung des Wohlbefindens (z. B. Augenstein 2002)
- Erholung von Stress (z. B. Hartig et al. 1991)
- Verstärkung positiver und Abmilderung negativer Gefühlslagen (z. B. Loh/Pearson-Mims 2006)
- Verknüpfung von Erfahrungen mit äußerer und innerer Natur und dadurch zu einem besseren Verständnis von sich selbst (z. B. Wilke 2004)

Diese aufgeführten Studien wurden allerdings nicht mit Kindern durchgeführt und ergeben damit allgemeine und keine spezifischen Ergebnisse. Es liegen auch etliche Untersuchungen vor, die sich konkret auf die Auswirkungen von Naturerfahrungen auf die kindliche Entwicklung beziehen.

spezifische Forschungsergebnisse

Diese Studien mit Kindern zeigen:

- eine stressreduzierende Wirkung (z. B. Wells/Evans 2003)
- eine Abmilderung der Symptome bei chronischen Aufmerksamkeitsstörungen (z. B. Faber et al. 2008)
- einen positiver Einfluss auf motorische Entwicklung von Kindern (z. B. Gugerli-Dolder 2004)
- eine Förderung sozialer Interaktion (z. B. Sullivan et al. 2004)

Nähere Ausführungen hierzu finden sich in Gebhard, U. (2009): Kind und Natur. Die Bedeutung der Natur für die psychische Entwicklung. VS-Verlag, Wiesbaden

Erleben der eigenen Lebendigkeit

Das kindliche Spiel in der Natur ist verbunden mit einer gewissen Freizügigkeit. Es zeichnet sich dadurch aus, dass auf Nützlichkeit oder auf Vorgaben verzichtet wird. Kinder können hierbei die eigene Lebendigkeit erleben und phantasievoll und gestalterisch tätig werden. Es geht nicht um eine Bewertung oder die Erreichung eines bestimmten Ziels. Ein Eintreten in die Natur ist in diesem Sinne auch ein „Austreten" aus in unserer Gesellschaft häufig vorherrschenden Beurteilungsschemata. „Natur ist Freiheit" (Weber 2012, 19).

förderliches Reizumfeld

Ebenso bietet eine naturnahe Umgebung aber auch Bedingungen für eine positive Entwicklung im kognitiven wie auch im emotionalen Bereich. Denn eine solche Umgebung bietet ein besonders förderliches Reizumfeld, da sie eine Mittelstellung zwischen allzu vertraut, und damit langweilig, und neu, und damit abschreckend, einnimmt.

„Eine solche „reizvolle" Umgebung lädt zur Exploration, zur Erkundung ein, weil sie neu und interessant ist und eben zugleich vertraut" (Gebhard 2009, 80).

Weitere Ausführungen hierzu finden sich auch in Weber, A. (2012): Mehr Matsch! Kinder brauchen Natur. Ullstein Buchverlage, Berlin

2.2.2 Bildung für eine nachhaltige Entwicklung

UN-Dekade

Naturwissenschaftliche Bildung in Kindertageseinrichtungen steht in engem Zusammenhang mit dem Thema Nachhaltigkeit. Die Vereinten Nationen haben die Jahre 2005 bis 2014 zur UN-Dekade „Bildung für nachhaltige Entwicklung" erklärt.

Diese Bildungsinitiative soll zu einem Bewusstsein für einen verantwortungsvollen Umgang mit Umwelt und Mitmenschen führen, um ein gutes Leben für gegenwärtige und künftige Generationen auf allen Teilen der Welt zu schaffen.

rechtliche Grundlagen

Auch Artikel 20a des deutschen Grundgesetzes macht die Bedeutsamkeit einer Bildung für nachhaltige Entwicklung deutlich:

„Der Staat schützt auch in Verantwortung für die künftigen Generationen die natürlichen Lebensgrundlagen und die Tiere im Rahmen der verfassungsmäßigen Ordnung durch die Gesetzgebung und nach Maßgabe von Gesetz und Recht durch die vollziehende Gewalt und die Rechtsprechung."

Bildung für nachhaltige Entwicklung

Bildung für nachhaltige Entwicklung setzt aus Sicht der UNESCO-Kommission bereits in der frühen Kindheit an und zieht sich schließlich durch alle Lebensalter. Es wird hierbei davon ausgegangen, dass die Werte für die Gestaltung einer zukunftsfähigen Welt bereits in der frühen Kindheit gelegt werden (DUK 2010, 1 f.).

Bedeutung von Naturerfahrungen

> *„Von der Natur isolierte Kinder erfahren nicht das Gefühl von Zugehörigkeit zur belebten Welt das für die seelische Entwicklung unverzichtbar ist. Sie können einen ihre eigene Person übersteigenden Zusammenhang, der sie gleichwohl hält und ihnen einen Sinn zuweist, kaum noch kennenlernen. Wie sollen Kinder sich je für ein nachhaltiges Leben entscheiden können, wenn sie die Wirklichkeit von Nachhaltigkeit, nämlich ihre eigene ausbalancierte Vitalität, gar nicht mehr kennen? Wie sollen sie die Natur schützen, wenn sie ihre Identität allein aus von Menschen gemachten Dingen bilden?" (Weber 2012, 18)*

Insbesondere direkte Naturerfahrungen unterstützen demnach die Entwicklung eines verantwortungsvollen Umgangs mit der Umwelt. Denn intensives Naturerleben führt dazu, dass Kinder Natur als lebendig erfahren und damit als schützenswert erachten. Ab und an werden Befürchtungen geäußert, dass Kinder nicht im Wald spielen sollten, da sie die Natur schädigen könnten. Untersuchungen zeigen jedoch, dass Kinder sich eher sanft mit der Natur auseinandersetzen.

> *„Natürlich pflücken Kinder bisweilen Blumen, reißen sich einen Stock von einem Baum, bauen sich Buden – jedoch die Natur hält diese Nutzung wohl aus. Die Zerstörung von Ökosystemen hat sicherlich andere Ursachen als das Kinderspiel. Wenn Erziehung und Unterricht einen eher pfleglichen Umgang mit der Natur stützen oder gar entwickeln wollen, können sie von dieser ursprünglichen kindlichen Haltung ausgehen. So ist beispielsweise bei der Umwelterziehung zu bedenken, dass der sozialisatorische Einfluss in der Tat eher zu einem zumindest sorglosen, wenn nicht destruktiven Umgang mit der Umwelt führt (vgl. Dollase 1997, Gebhard 1998)" (Gebhard 2009, 79).*

Naturerfahrungen wirken sich also sowohl positiv auf eine gesunde Entwicklung als auch auf einen bewussten Umgangs mit der Umwelt aus.

Suffizienz: Lernen mit weniger zu leben

Neben Naturerfahrungen ist in der frühen Kindheit aber auch bedeutsam, dass Kinder lernen, mit weniger zu leben. Dies ist ein großes Problem an der gesamten Nachhaltigkeitsdebatte. In einer Gesellschaft, in der alle Ressourcen scheinbar unbegrenzt zur Verfügung stehen, fällt es schwer sich einzuschränken. Wer verzichtet schon gerne auf „Luxus", wenn dieser derart selbstverständlich ist und die Folgen der Ausbeutung der Natur nicht direkt spürbar sind. „Suffizienz“ bedeutet, zu lernen mit weniger zu leben. Im Elementarbereich sind spielzeugfreie Tage hierfür ein Ansatz – ein konsumkritischer Ansatz, der insbesondere im Zusammenhang mit Suchtprävention bekannt wurde.

Die Hintergründe hierzu sind ausführlicher nachzulesen in Wehner, U. (2010): Umweltbildung und Bildung für Nachhaltigkeit. Programmatik, Empirie und Experiment. Pädagogische Rundschau (64) 4, 437–448

Selbstorganisation und Gemeinschaft

Weiter sind frühe Erfahrungen der Selbstorganisation und von Gemeinschaft bedeutsam für eine Bildung für nachhaltige Entwicklung. Die Förderung sozialer und kommunikativer Kompetenzen ist ebenso wichtig wie beispielweise das Erleben von Heterogenität in einer Gruppe.

Hier kommt dem Ansatz der Inklusion eine besondere Bedeutung zu (DUK 2010, 2.).

Einen Beitrag zu Bildung für eine nachhaltige Entwicklung in der frühen Kindheit können Projekte leisten, die an anderer Stelle in diesem Werk genauer thematisiert werden (Kap. 4.3).

2.3 Kindliche Interessen für den Bereich naturwissenschaftliche Bildung

Kinder als akribische Naturforscher

Während ältere Schulkinder und Erwachsene, wie in Kap. 3.4 beschrieben, oft Vorbehalte gegenüber naturwissenschaftlichen Themenstellungen haben, kann man Kinder im Vor- und Grundschulalter als akribische Naturforscher bezeichnen.

Kinder versuchen, die Welt um sie herum zu begreifen und interessieren sich aus diesem Grund für Phänomene der unbelebten Umwelt, wie z. B. Strom, genauso wie für Themenbereiche, die der belebten Natur zuzuordnen sind. Die Fragen, die sich vor diesem Hintergrund stellen, sind, warum und wann sich die Vorbehalte gegenüber naturwissenschaftlichen Themen, insbesondere bei Mädchen entwickeln.

Um den Antworten auf diese Fragen auf den Grund zu gehen, soll in diesem Kapitel zunächst darauf eingegangen werden, was genau unter dem Begriff Interesse zu verstehen ist und wie sich kindliche Interessen entwickeln. Daran anknüpfend sollen im darauffolgenden Abschnitt Befunde zur Interessenentwicklung und Veränderung der Interessen speziell im Bereich naturwissenschaftliche Bildung dargestellt werden.

2.3.1 Zum Interessenbegriff

Krapp (1992, 10) unterscheidet zwischen individuellem oder persönlichem Interesse und situationalem Interesse.

Individuelles Interesse

Das individuelle Interesse wird auch als allgemeines Interesse bezeichnet, da es unabhängig von Situationen das Handeln eines Individuums beeinflusst. Die Person-Gegenstands-Theorie geht davon aus,

> *„[...,] dass sich im Laufe der Entwicklung bestimmte Vorlieben für Handlungs- oder Wissensbereiche herausbilden. Der in einem Interesse konkretisierte „Person-Gegenstands-Bezug" äußert sich u.a. in der Tendenz, sich wiederholt, freudvoll und ohne äußere Veranlassung mit einem Interessengegenstand auseinanderzusetzen" (Krapp 1992, 10ff.).*

deklaratives und prozedurales Wissen

Durch das Interesse an einer Sache kommt es zu einem hohen Maß an deklarativem sowie an prozeduralem Wissen über selbige. Deklaratives Wissen bezieht sich auf die Wissensstruktur, wohingegen mit prozeduralem Wissen die erweiterten Handlungsmöglichkeiten im Interessensbereich oder hinsichtlich des Interessensgegenstandes gemeint sind. Interessen sind eine wesentliche Komponente des Selbstkonzeptes einer Person und hängen eng mit ihrer Wertorientierung zusammen.

Gegenstandsspezifität

Darüber hinaus sind Interessen gegenstandspezifisch und beziehen sich immer auf etwas Konkretes, wie beispielsweise auf ein Objekt, eine Idee oder Handlungsmöglichkeiten.

Interessantheit oder situationales Interesse

Neben dem individuellen Interesse beschreibt Krapp (1992) die Interessantheit, die er auch als „situationales Interesse" bezeichnet.

situationsspezifische Reizbedingungen

Interessantheit bewirkt situationales Interesse unabhängig von einer im Vorfeld gegebenen Präferenz. Dieses situationale Interesse wiederum führt zu einer interessierten Zuwendung oder Aufmerksamkeit. Die interessierte Zuwendung kann mit der sogenannten spezifischen Neugier verglichen werden. Beide werden durch situationsspezifische Reizbedingungen hervorgerufen. Der Unterschied besteht jedoch darin, dass situationales Interesse nicht ausschließlich durch die genannten situationsspezifischen Reizbedingungen ausgelöst wird.

Interessenskonstrukt

Individuelles und situationales Interesse sind zwar unterschiedlich definiert, dennoch sind sie keine klar voneinander abzugrenzenden Konzepte. Das Interessenkonstrukt setzt sie entsprechend zueinander in Beziehung. Hier wird das Zusammenspiel von individuellem Interesse, der Interessantheit der Lernumgebung oder des Lerngegenstands unter Berücksichtigung aktueller psychischer Zustände betrachtet.

situationales Interesse kann zu individuellem Interesse führen

Situationales Interesse kann durch Außenreize ausgelöst werden und zu individuellem und damit langfristigem allgemeinen Interesse führen.

Bedeutung der Lernumgebung

Die Anreizqualitäten der Lernumgebung und des Lerngegenstandes spielen vor allem dann eine Rolle, wenn das individuelle Interesse noch im Entstehen ist. Bei bereits bestehendem Interesse an einem Gegenstand sind die situativen Auslösebedingungen unbedeutend. Denn ein bereits in hohem Maße Interessierter schafft sich die Bedingungen, die seinen Präferenzen entsprechen, während ein schwach Interessierter sich auf Anregungen in der räumlich-materiellen Umgebung oder auf sonstige Impulse, die von außen auf ihn einwirken, eher einlässt.

2.3.2 Die Interessenentwicklung im Kindesalter

Es stellt sich die Frage, warum und in welchem Alter das Interesse für naturwissenschaftliche Themen abnimmt. Um dieser Frage nachzugehen, ist es gewinnbringend, die Interessenentwicklung im Kindesalter genauer zu betrachten.

Interessenentwicklung im Vorschulalter

Man kann davon ausgehen, dass das Interesse im Kindesalter nach gleichen Prinzipien funktioniert, wie im Erwachsenenalter, sich aber in der Struktur deutlich unterscheidet. Das Interesse von Säuglingen oder Kleinkindern lässt sich – was Inhalte und Tätigkeiten anbetrifft – nicht ohne

Weiteres mit dem Interesse von Jugendlichen oder Erwachsenen vergleichen. Trotzdem lässt sich mit Bezug auf die Beobachtungen Piagets feststellen, dass ein Kind sich vom ersten Tag an aktiv Personen und Objekten seiner Umwelt zuwendet und versucht, diese zu erfassen.

universelle Interessen

Piaget und Travers (1978 zit. nach Prenzel et al. 2000, 17) gehen davon aus, dass Interessen im Vorschulalter eher selten auf einen bestimmten Gegenstandsbereich, sondern auf sehr verschiedene Umweltbereiche gerichtet sind. Interesse kann demnach als „universell" bezeichnet werden.

Bedeutung geschlechtsbezogener Selbstkonzepte

Anderen Ansätzen liegt die Annahme zugrunde, dass die Interessenentwicklung ab dem dritten Lebensjahr durch das geschlechtsbezogene Selbstkonzept beeinflusst wird. Hierbei kommt den Eltern und anderen relevanten Bezugspersonen eine Vorbildfunktion zu.

Zur Interessenentwicklung im Vorschulalter liegen bisher sehr wenig empirische Befunde vor. Eine der wenigen Untersuchungen ist die Studie von Kasten und Krapp (1986 zit. nach Prenzel et al. 2000, 18).

Regelmäßigkeit in der Beschäftigung

Auf der Basis von Fallanalysen konnte in dieser Studie herausgefunden werden, dass bei Kindern im Vorschulalter eine ausgeprägte Regelmäßigkeit in den Beschäftigungen und Spielgegenständen vorhanden ist. Dies kann als eine Grundlage für die weitere Interessenentwicklung angesehen werden, die jedoch dadurch noch nicht festgelegt ist.

2.3.3 Interessenentwicklung im Bereich naturwissenschaftliche Bildung

Im Bereich des frühkindlichen Interesses an naturwissenschaftlichen Fragestellungen kann nur auf wenige empirisch fundierte Forschungsergebnisse zurückgegriffen werden. Aus diesem Grund werden Ergebnisse aus dem Grundschulbereich, die im Rahmen der Ergänzungsstudie zur „Internationalen Grundschul-Leseuntersuchung" (IGLU) gewonnen wurden, herangezogen und auf ihre Übertragbarkeit auf den vorschulischen Bereich überprüft.

IGLU bzw. Progress in International Reading Literacy Study (PIRLS) ist eine von der IEA (International Association for the Evaluation of Educational Achievement) initiierte international vergleichende Schulleistungsstudie, die das Leseverständnis von Schülern am Ende der vierten Jahrgangsstufe untersucht (IfS 2011, o.S.). Die wissenschaftliche Leitung von IGLU liegt bei Herrn Prof. Dr. Wilfried Bos vom Institut für Schulentwicklungsforschung (IfS) an der Technischen Universität Dortmund. IGLU wird im Abstand von fünf Jahren wiederholt. Mit der Erhebung von 2011 wurde

IGLU zum dritten Mal durchgeführt, wobei sich Deutschland bereits an den ersten beiden Zyklen beteiligt hat (IGLU 2001 und IGLU 2006).

IGLU-E ist eine Erweiterungsstudie zur IGLU.Die internationale Lesestudie IGLU / PIRLS wurde national um eine Untersuchung der mathematischen und naturwissenschaftlichen Kompetenzen sowie der Kompetenzen in Rechtschreibung und im Verfassen von Aufsätzen erweitert.

Die Daten, auf die sich Valtin et al. beziehen, sind Bestandteil der Studie IGLU-E von 2001.

Einstellung von Grundschülern gegenüber Sachunterricht

Im Rahmen der Studie IGLU-E wurden Viertklässler zu ihrer Einstellung zum Sachunterricht befragt. Dazu wurden ihnen die Aussagen „Ich lerne gerne im Sachunterricht.“, „Sachunterricht ist langweilig.“ und „Was ich im Sachunterricht lerne, ist für jeden im Leben wichtig.“ mit der Bitte um Bewertung vorgelegt (Valtin et al. 2005, 207). Die Bewertungsalternativen bestanden aus einer Skala von „1=stimmt gar nicht“ bis „4=stimmt genau“. Es zeigte sich, dass die Einstellungen der Schülerinnen und Schüler gegenüber dem Fach Sachunterricht recht positiv sind.

Dem Item „Ich lerne gerne im Sachunterricht.“ stimmten 85,6% der Befragten genau bzw. fast zu (→ Tab. 4). Die Aussage „Sachunterricht ist langweilig.“ lehnte der allergrößte Teil der befragten Kinder ab (80,1%) und fast alle Kinder beurteilten das, was sie im Sachunterricht lernen, als wichtig im Leben (90,9%).

Tab. 4: Einstellungen von Viertklässlern zum Sachunterricht (Valtin et al. 2005, 207)

		1	2	3	4
Ich lerne gerne im Sachunterricht.	Jungen Mädchen Gesamt	4,8 3,7 4,2	8,7 11,7 10,2	29,6 36,9 33,1	56,9 47,7 52,5
Sachunterricht ist langweilig (-).	Jungen Mädchen Gesamt	11,8 4,8 8,4	11,0 12,1 11,5	15,5 16,7 16,1	61,8 66,4 64,0
Was ich im Sachunterricht lerne, ist für jeden im Leben wichtig.	Jungen Mädchen Gesamt	3,2 1,1 2,2	8,6 5,2 7,0	21,6 27,1 24,2	66,7 66,7 66,7

1 = stimmt gar nicht, 2 = stimmt ein wenig, 3 = stimmt fast, 4 = stimmt genau

geschlechtsspezifische Unterschiede

Interessant ist, dass die Angaben der Mädchen sich hier nur geringfügig von den Angaben der Jungen unterscheiden. D. h., in diesem Alter scheinen sich noch kaum geschlechtsspezifische Vorbehalte gegenüber naturwissenschaftlichen Themen entwickelt zu haben. Im Hinblick auf die konkreten Themen zeigten sich jedoch durchaus Unterschiede. Die teilnehmenden Kinder wurden dazu befragt, mit welchen Themen sie sich in diesem Fach am liebsten beschäftigen. Hier zeigte sich, dass Mädchen ein signifikant größeres Interesse als Jungen an den Themen „Wie Tiere leben und Pflanzen wachsen" haben, wohingegen Jungen ein stärkeres Interesse an „Experimenten" zeigen (Valtin et al. 2005, 207).

Dieses Ergebnis steht im Einklang mit Untersuchungsergebnissen aus unterschiedlichen Studien mit älteren Schülern, in denen nachgewiesen wurde, dass Mädchen ein stärkeres Interesse für Themen der belebten Natur haben, wohingegen sich Jungen mehr für Themen der unbelebten Natur interessieren (Faulstich-Wieland 2004, 6 ff.).

Einstellungen jüngerer Kinder gegenüber naturwissenschaftlichen Themen

Die Ergebnisse, die aus der Befragung mit Grundschülern gewonnen wurden, lassen sich vermutlich nur bedingt auf den frühkindlichen Bereich übertragen. Das Unterrichtsfach Sachunterricht lässt sich kaum mit der Beschäftigung mit naturwissenschaftlichen Fragestellungen im frühkindlichen Bereich gleichsetzen. Trotzdem lässt sich aus dem dargestellten Ergebnis, dass Viertklässler eine positive Einstellung gegenüber dem Sachunterricht haben, die Vermutung ableiten, dass auch jüngere Kinder eine positive Haltung gegenüber naturwissenschaftlichen Themen aufweisen. Beobachtet man Kinder dabei, wenn sie sich mit naturwissenschaftlichen Fragestellungen auseinandersetzen, so scheint es auch keinen Zweifel daran zu geben. Auch die vielen Fragen, die Kinder in diesem Bereich stellen, weisen in diese Richtung. Diese Vermutung wird gestützt durch das Ergebnis einer Untersuchung von Lück (2009), die naturwissenschaftliche Experimentierreihen in verschiedenen Kindertageseinrichtungen durchführte. Die Teilnahme an den Experimentierreihen war freiwillig und es wurde den Kindern parallel ein attraktives Alternativprogramm wie sportliche Wettspiele, Aufenthalt im Planschbecken etc. angeboten. 70 % der Kinder nahmen trotz des attraktiven Alternativprogramms freiwillig an den Experimenten teil. Dieses Ergebnis lässt auf ein großes Interesse der Kinder an naturwissenschaftlichen Experimenten schließen.

Während für den vorschulischen Bereich kaum Untersuchungen zum Interesse für naturwissenschaftliche Themen vorliegen, kann im Sekundarstufenbereich auf verschiedene Studien zurückgegriffen werden. Ein großer Teil der Untersuchungen zum Interesse von Schülerinnen und Schülern gegenüber Naturwissenschaften hat geschlechtsspezifische Unterschiede zum Gegenstand. Eine schottische Studie zum Verhältnis von „Gender and Physics" (Reid/Skryabina 2003 zit. nach Faulstich-Wieland 2004, 8) untersucht die Interessenentwicklung von der Grundschule bis zum Ende der Sekundarstufe II von Schülerinnen und Schülern gegenüber Physik. In dieser Untersuchung konnte im Einklang mit den dargestellten Ergebnissen der Studie IGLU-E herausgestellt werden, dass beide Geschlechter im Grundschulbereich eine deutlich positive Einstellung gegenüber den Naturwissenschaften haben. In der Sekundarstufe I zeigen sich jedoch klare Änderungen in den Einstellungen der Mädchen; sie ist in diesem Alter weit weniger positiv als die Einstellung der Jungen. Tendenzen in diese Richtung zeigten sich auch in der Befragung nach bevorzugten Themen in der Studie IGLU-E. Auch die Ergebnisse des „Program for International Student Assessment" (PISA) weisen darauf hin, dass das Interesse insbesondere an der Physik bei Mädchen im Verlauf der Sekundarstufe I stark abnimmt (Stanat/Kunter 2001, 262 ff.). Auch hinsichtlich der Schulleistungen hat sich gezeigt, dass Mädchen in Physik in allen Schulformen schlechter abschneiden als Jungen. Das geringere Interesse der Mädchen zeigt sich auch bei der Kurswahl in der gymnasialen Oberstufe und bei der Studienfachwahl. Aus den dargestellten Ergebnissen lassen sich folgende Überlegungen ableiten:

geschlechtsspezifische Unterschiede Sekundarstufe

- Die Minderung des Interesses an naturwissenschaftlichen Fragestellungen scheint sich auf bestimmte Bedingungen im Laufe der Lernbiografie zurückführen zu lassen. Den Erfahrungen im schulischen Kontext scheint hier eine wesentliche Rolle zuzukommen.

- Eine geschlechtsspezifische Interessenentwicklung für die Bereiche belebte und unbelebte Natur scheint sich bereits gegen Ende der Grundschulzeit zu zeigen. Für den vorschulischen Bereich stehen hier Untersuchungen leider noch aus.

- Es scheint deshalb besonders bedeutsam, Kinder bereits in der frühen Kindheit darin zu unterstützen, ihren Interessen und Fragen in Bezug auf die belebte und unbelebte Umwelt nachzugehen.

Eine weitere Überlegung, die sich an die dargestellten Untersuchungsergebnisse anschließt, ist die Frage nach dem Einfluss des Elternhauses auf die Interessenentwicklung der Kinder im Bereich Naturwissenschaften. Zur Beantwortung dieser Frage sei auf Ergebnisse einer Studie von Ehmke (2008) verwiesen, die auf der Datengrundlage der Studie PISA 2006 durchgeführt wurde.

Einfluss des Elternhauses auf die Interessenentwicklung

Die Studie untersucht den Einfluss naturwissenschaftsbezogener Einstellungen im Elternhaus auf die sozialen Disparitäten in der naturwissenschaftlichen Kompetenz. Die Ergebnisse zeigen, dass sich in den Familien der getesteten Schüler systematische Unterschiede in Bezug auf folgende Aspekte finden lassen:

- Anregungspotenzial des häuslichen Lernumfelds
- Bedeutung, die die Familie den Naturwissenschaften beimisst
- Einschätzung der Bedeutung von Naturwissenschaften für das Berufsleben

kein Zusammenhang zwischen Einstellung und sozialem Status

Es zeigte sich, dass die Einstellung im Elternhaus gegenüber Naturwissenschaften nicht zwangsläufig mit dem sozialen Status der Familie in Verbindung steht. Innerhalb der gleichen Sozialschicht konnten durchaus unterschiedliche bildungsbezogene Prozesse und Einstellungen gegenüber Naturwissenschaften nachgewiesen werden.

Zusammenhang Leistung und Einstellung im Elternhaus

Wie zu vermuten ist, konnten Zusammenhänge zwischen der erzielten Leistung im Naturwissenschaftstest und den Einstellungen und dem Bildungspotenzial im Elternhaus aufgezeigt werden. Weiterhin ist zu vermuten, dass sich ebenfalls ein Zusammenhang zwischen den Einstellungen im Elternhaus und den Einstellungen der befragten Schüler nachweisen lässt. Eine Analyse über diesen Zusammenhang wurde nicht berichtet.

Konsequenzen für die Frühpädagogik

Für den frühpädagogischen Bereich liegen bisher keine Studien vor, die derartige Zusammenhänge untersuchen. Eine Ursache hierfür ist womöglich auf die Schwierigkeiten bei der Erhebung der Interessen bei kleinen Kindern zurückzuführen, da die Einflussfaktoren nur schwer zu isolieren und zu untersuchen sind.

Die Vermutung über bestehende Zusammenhänge zwischen den Interessen der Kinder und dem häuslichen Anregungspotenzial in diesem Bereich zugrunde legend stellt sich die Frage, inwieweit pädagogische Fachkräfte in Kindertageseinrichtungen hier in der Lage sind, möglicherweise bestehende Ungleichheiten in diesem Bereich zu kompensieren.

1. Beschreiben Sie die beiden komplementären Begriffe der Adaption nach Piaget!

2. Nennen Sie Kritikpunkte, die im Text bzgl. Piagets Entwicklungstheorie genannt werden!

3. Wie kann man das Wissen über Objektpermanenz bei Säuglingen erforschen?

4. Welche zwei Sichtweisen werden innerhalb der bereichsspezifischen Ansätze unterschieden?

5. Welche Konsequenzen lassen sich für die Interaktion mit Kindern im Kontext naturwissenschaftlicher Bildung aus den dargestellten Forschungsbefunden zu alternativen Theorien ableiten?

6. Benennen Sie die Auswirkungen, die Naturerfahrungen auf die kindliche Entwicklung haben!

7. In welcher Situation kommt der Anreizqualität einer Lernumgebung eine besondere Bedeutung zu?

8. Welche Unterschiede haben Untersuchungen bezüglich der Interessenentwicklung von Mädchen und Jungen gegenüber naturwissenschaftlichen Themen im Primar- und Sekundarbereich gezeigt?

Lösungen zu den Lernfragen gibt es unter www.reinhardt-verlag.de.

3 Die Rolle des Pädagogen

Naturwissenschaftliche Bildung in der frühen Kindheit ist nicht gleichzusetzen mit dem Unterricht naturwissenschaftlicher Fächer im schulischen Bereich. Denn während in der Schule der Kanon, der durch die Bildungspläne festgelegt wird, weitestgehend die Auswahl der naturwissenschaftlichen Themen bestimmt, haben Frühpädagogen in der Kita hier einen weitaus größeren Gestaltungsspielraum.

Entsprechend dieser Unterschiede zwischen Schule und Kita unterscheiden sich auch die Anforderungen an die jeweiligen Professionen. Während spezifisches Fachwissen als Kernkompetenz der Lehrer bezeichnet werden kann, kommt dem naturwissenschaftlichen Wissen der Frühpädagogen eine deutlich geringere Bedeutung zu. Vielmehr geht es um eine positive Einstellung der Frühpädagogen zur frühen naturwissenschaftlichen Bildung. Pädagogische Kompetenzen von Lehrern im naturwissenschaftlichen Schulunterricht ergeben sich in erster Linie durch die Erfordernis, Unterricht zu gestalten. Im Elementarbereich ist es die Aufgabe der Pädagogen, die individuellen Fragen der Kinder zu Natur-, Technik- und Umweltphänomenen im Alltag zu erkennen, aufzugreifen und davon ausgehend, Interaktionsprozesse sinnvoll zu gestalten.

3.1 Professionelles Handeln in Kita und Schule

Um das professionelle Handeln frühpädagogischer Fachkräfte für den Bereich naturwissenschaftlicher Bildung zu beschreiben, bietet es sich an, das professionelle Handeln im schulischen Bereich als Vergleich heranzuziehen und Gemeinsamkeiten und Unterschiede herauszuarbeiten. Dies erscheint zum einen sinnvoll, da die Lehrerprofessionalität eine längere Tradition hat. Zum anderen kann auf Grundlage dieser Betrachtung das Kompetenz-Profil frühpädagogischer Fachkräfte im Bereich der naturwissenschaftlichen Bildung abgrenzend erläutert und klar definiert werden.

Es gibt unterschiedliche Modelle zur professionellen Handlungskompetenz von Lehrkräften. Die gängigen Modelle nehmen Bezug auf das Kompetenzmodell von Weinert (2001), das auch für die empirische Überprüfung von Bildungsstandards die Basis bildet.

Kompetenzbegriff nach Weinert

Demnach sind Kompetenzen

> *„die bei Individuen verfügbaren oder durch sie erlernbaren kognitiven Fähigkeiten und Fertigkeiten, um bestimmte Probleme zu lösen, sowie die damit verbundenen motivationalen, volitionalen und sozialen Bereitschaften und Fähigkeiten, um die Problemlösungen in variablen Situationen erfolgreich und verantwortungsvoll nutzen zu können" (Weinert 2001, 27f.).*

Kompetenzen sind dabei stets in Abhängigkeit von den Anforderungen zu sehen, die eine bestimmte Situation mit sich bringt.

kognitive und motivationale Anteile professioneller Handlungskompetenz

Zusammengefasst kann man sagen, dass professionelle Handlungskompetenzen von Lehrkräften – von diesem Modell ausgehend – aus kognitiven Anteilen (fachliches, fachdidaktisches und pädagogisches Wissen) und motivationalen Anteilen (Einstellungen und Motivation) bestehen.

3.1.1 Kognitive Anteile pädagogischer Handlungskompetenz

In Bezug auf das Professionswissen frühpädagogischer Fachkräfte bezieht sich Anders (2012, 17f.) auf diese gängige, aus dem schulischen Bereich stammende Untergliederung der kognitiven Anteile in Fachwissen, fachdidaktisches Wissen und pädagogisches Wissen, die sie folgendermaßen konkretisiert:

- **Fachwissen:** Darunter sind das Hintergrundwissen sowie ein Verständnis der Inhalte der einzelnen Bildungsbereiche zu verstehen.
- **Fachdidaktisches Wissen:** Es handelt sich hierbei um Kenntnisse darüber, wie bestimmte fachliche Inhalte den Kindern zugänglich gemacht werden können. Neben Wissen über fachtypische Kognitionen der Kinder erfordert dies auch Kenntnisse über eine förderliche Gestaltung von Lernumgebungen und -situationen und eine adäquate und fruchtbare Begleitung von Kindern in den jeweiligen Bildungsbereichen.
- **Pädagogisches Wissen:** Während sich Fachwissen und fachdidaktisches Wissen auf bestimmte Bildungsbereiche beziehen, handelt es sich hierbei um allgemeines Wissen unabhängig von einem bestimmten Bildungsbereich. Anders nennt hier beispielhaft folgende Aspekte:

„Wissen über Lernformen, Wissen über Strategien der Gruppenführung, entwicklungspsychologisches Wissen, Wissen über Beziehungsgestaltung" (Andres 2012, 18).

unterschiedliche Anforderungen in Kita und Schule

Dieses für den schulischen Bereich entwickelte Modell professioneller Handlungskompetenz lässt sich zwar auf den vorschulischen Bereich übertragen. Jedoch lassen sich Unterschiede im Hinblick auf die Gewichtung der einzelnen Kompetenzbereiche in Bezug auf die spezifischen Situationen in Schule und Kita mit ihren jeweiligen Anforderungen feststellen.

Wissen und Können als Kern der Lehrerprofessionalität

Fachwissen, fachdidaktisches Wissen und pädagogisches Wissen werden unter kognitiven Kompetenzen zusammengefasst und im schulischen Bereich als Kern der Lehrerprofessionalität gesehen. Untersuchungen im Bereich des Mathematikunterrichts zeigen, dass die kognitiven Kompetenzen der Lehrpersonen und hier insbesondere fachdidaktisches Wissen und Fachwissen einen positiven Einfluss sowohl auf die Qualität des Unterrichts als auch auf die Lernfortschritte der Schülerinnen und Schüler haben (Baumert / Kunter 2006, 481 f.).

Unterschiede in Bezug auf Fachwissen, fachdidaktisches und pädagogisches Wissen von Lehrern und frühpädagogischen Fachkräften sind in erster Linie auf die unterschiedlichen Anforderungssituationen und entsprechend differierende Aufgaben in Kita und Schule zurückzuführen.

In frühpädagogischen Einrichtungen findet beispielsweise kein Fachunterricht statt.

Fachunterricht vs. Vernetzung von Bildungsbereichen

> *„Das pädagogische Programm in den Kindertageseinrichtungen ist durch das Prinzip der ganzheitlichen Förderung geprägt. Eine Fächerorientierung oder Orientierung an Wissenschaftsdisziplinen ist dem Elementarbereich fremd" (JMK/KMK 2004, 3).*

In den Bildungs- und Orientierungsplänen des Elementarbereichs werden zwar Bildungsbereiche einzeln aufgeführt und beschrieben, dennoch ist zu betonen, dass diese nicht isoliert betrachtet werden. Vielmehr müssen Frühpädagogen im Sinne eines ganzheitlichen Vorgehens über einen breiten Überblick über alle Bildungsbereiche und die Vernetzung selbiger verfügen.

Frühpädagogen haben demnach nicht schwerpunktmäßig die Aufgabe, bestimmte Fächer zu unterrichten und sind folglich nicht in einzelnen spezifischen Fächern hinsichtlich Fachwissen und -didaktik ausgebildet. Auf die Bedeutung von Fachwissen der pädagogischen Fachkräfte im Bereich der frühen naturwissenschaftlichen Bildung wird in Kap. 3.2 näher eingegangen.

Interaktion

Die unterschiedlichen Strukturen in Schule und Kita führen außerdem dazu, dass sich das pädagogische Wissen, welches für die Arbeit mit Kindern im Elementarbereich erforderlich ist, deutlich anders gestaltet, als im schulischen Kontext. Die Durchführung von Unterricht erfordert eine andere Art von Beziehungs- und Interaktionsgestaltung, als der pädagogische Alltag in Kindertageseinrichtungen. Die Interaktion zwischen Erwachsenen und Kindern gestaltet sich in Schulen zunehmend distanzierter. Ein Hinweis darauf ist beispielsweise der Wechsel von der Du-Beziehung in der Kita hin zur Sie-Beziehung in der Schule. Die Interaktionsgestaltung im Bereich der frühen naturwissenschaftlichen Bildung wird in Kap. 3.3 näher ausgeführt.

3.1.2 Motivationale Anteile

Einfluss von Einstellungen und Motivation auf Lehrerhandeln

Die Ergebnisse empirischer Untersuchungen, die den Zusammenhang zwischen der Einstellung zum Unterrichtsfach und dem Handeln im Unterricht von Lehrpersonen erforschen, weisen darauf hin, dass die Einstellungen und Motivationen von Lehrern sich auf das pädagogische Handeln und in diesem Sinne auf die Art und Weise des Unterrichtens auswirken.

Während eine breite Forschungsbasis zum Zusammenhang von kognitiven Kompetenzen und Lehrerhandeln im Unterricht existiert, liegen über den Zusammenhang zwischen Einstellungen und pädagogischem Handeln allerdings deutlich weniger Forschungsergebnisse vor.

Näheres hierzu finden sich in Baumert, J., Kunter, M. (2006): Stichwort: Professionelle Kompetenz von Lehrkräften. Zeitschrift für Erziehungswissenschaft 9 (4), 469–520

Die geringe Forschungslage lässt uns darauf schließen, dass der Fokus im schulischen Bereich weniger auf den motivationalen und eher auf den kognitiven Anteilen der Lehrperson liegt.

Bedeutung motivationaler Anteile im Elementarbereich

Es ist davon auszugehen, dass Einstellungen und Motivationen im Bereich der Frühpädagogik einen erheblich größeren Einfluss auf den Bereich naturwissenschaftlicher Bildung haben, als im schulischen Bereich.

verbindliche Bildungspläne

Denn unabhängig davon, wie der Lehrer oder der Frühpädagoge in diesem Bildungsbereich agiert, ist doch bereits ein Unterschied in Bezug auf die Verbindlichkeit der Umsetzung gegeben. Während die Bildungspläne für die Schulen klare Vorgaben darüber machen, welche naturwissenschaftlichen Themen zu unterrichten sind und welche Kompetenzen Kinder zu erreichen haben, sind die Vorgaben für den vorschulischen Bereich deutlich weniger klar und verbindlich.

Leistungskontrollen

Zusätzlich werden im schulischen Bereich durch regelmäßige Leistungskontrollen die Kompetenzen der Schüler in den einzelnen Schulfächern überprüft. In welcher Intensität in der Kita auf naturwissenschaftliche Themen eingegangen und ob entsprechende Fragen von Kindern überhaupt aufgegriffen werden, hängt dagegen stärker vom Ermessen und damit auch von der Einstellung und Motivation der pädagogischen Fachkraft ab, als im schulischen Bereich.

fachspezifisches Studium

Des Weiteren ist zu berücksichtigen, dass im schulischen Bereich der Naturwissenschaftsunterricht zumindest idealerweise von Lehrkräften unterrichtet wird, die dieses Fach studiert haben. Es ist davon auszugehen, dass sich diese Lehrkräfte bewusst für ihr Studienfach entschieden haben und damit per se eine positive Einstellung gegenüber Naturwissenschaften haben. Wie auch im folgenden Unterkapitel Kap. 3.3 dargestellt, kann von dieser Annahme im frühpädagogischen Bereich nicht ausgegangen werden.

subjektive Bildungstheorien

Dass Einstellungen und Einschätzungen der Pädagoginnen in Bezug auf die Bildungsbereiche in frühpädagogischen Einrichtungen eine größere Bedeutung haben, zeigen auch die Ergebnisse einer Studie zu den subjektiven Bildungstheorien von Erzieherinnen und Lehrerinnen. Auf die Frage, wie die Bildungsinhalte und -themen ausgewählt werden, verweisen Lehrer in erster Linie auf die jeweils gültigen Bildungspläne. Erzieherinnen wählen die Inhalte hingegen nach eigenen Aussagen auf Grundlage der kindlichen Interessen, der Situation und der eigenen Präferenzen aus (von Bülow 2011, 233).

Mehr zu den Unterschieden und Gemeinsamkeiten in Bezug auf subjektive Bildungstheorien von Lehrerinnen und Erzieherinnen finden Sie in Bülow von, K.: Anschlussfähigkeit von Kindergarten und Grundschule. Rekonstruktion von subjektiven Bildungstheorien von Erzieherinnen und Lehrerinnen. Klinkhardt, Bad Heilbrunn

3.1.3 Kompetenzmodell für frühpädagogische Fachkräfte

Vor dem Hintergrund der im vorhergehenden Abschnitt erläuterten Überlegungen erscheint das Professionsmodell aus dem schulischen Bereich für den vorschulischen Bereich nicht tragfähig. Es wird deshalb auf ein Kompetenzmodell für Erzieher nach Fröhlich-Gildhoff und Kolleginnen verwiesen (→ Abb. 1).

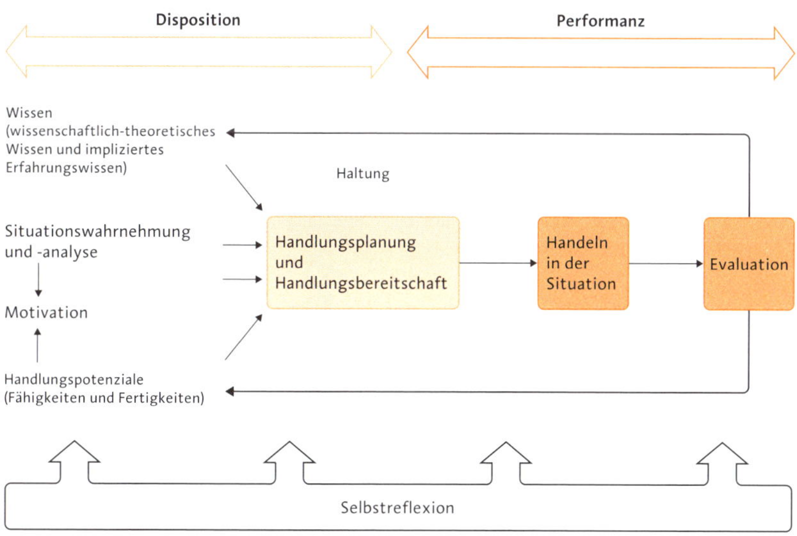

Abb. 1: Allgemeines Kompetenzmodell frühpädagogischer Fachkräfte (Fröhlich-Gildhoff et al. 2011, 17)

professionelle Kompetenzen

„Die professionellen Kompetenzen pädagogischer Fachkräfte kennzeichnen sich in diesem Modell dadurch, dass sie es der Fachkraft ermöglichen, in komplexen pädagogischen Situationen selbstorganisiert, kreativ und reflexiv zu handeln und neue Herausforderungen zu bewältigen" (Fröhlich-Gildhoff u.a. zit. nach Anders 2012, 15).

Gewichtung der motivationalen Anteile

In diesem Modell werden die motivationalen Anteile und hier insbesondere die pädagogische Haltung deutlich stärker gewichtet als in dem Modell nach Weinert (2001). Es wird davon ausgegangen, dass Orientierungen, Werthaltungen und Einstellungen dem pädagogischen Denken und Handeln frühpädagogischer Fachkräfte in hohem Maße zugrunde liegen.

Erweiterung pädagogischer Professionalität

Ausgehend von der pädagogischen Haltung haben Wissen und Motivation einen Einfluss auf die Wahrnehmung und Analyse einer Situation. Daran anschließend folgen Handlungsplanung und -bereitschaft, woraufhin das Handeln realisiert und evaluiert wird. Diese abschließende Evaluation einer Handlung führt schließlich zur Erweiterung des Erfahrungswissens sowie der Handlungspotenziale und damit auch zu einer Erweiterung pädagogischer Professionalität.

3.1.4 Kompetenzprofil frühpädagogischer Fachkräfte

Aus unserer Sicht sollten Frühpädagogen – ausgehend vom erläuterten Bildungsverständnis – über bestimmte Kompetenzen verfügen, um Kinder in ihren naturwissenschaftlichen Bildungsprozessen pädagogisch professionell unterstützen zu können. Diese werden hier überblicksartig dargestellt und es wird auf die jeweils vertiefenden Kapitel in diesem Werk verwiesen. Die frühpädagogische Fachkraft:

- hat sich mit unterschiedlichen Positionen und Ansätzen früher naturwissenschaftlicher Bildung auseinandergesetzt und kann ihr pädagogisches Handeln in diesem Bereich auf entsprechende Theorien beziehen und begründen (Kap. 1);
- kennt Forschungsergebnisse und Theorien zu Fähigkeiten, Potenzialen und Interessen von Kindern im Bereich früher naturwissenschaftlicher Bildung und kann ihr professionelles Handeln daran orientieren (Kap. 2.1 und Kap. 2.3);

- kennt den Zusammenhang zwischen Naturerfahrungen und kindlicher Entwicklung und kann dies bei der Gestaltung des Kita-Alltags berücksichtigen (Kap. 2.2);
- verfügt über die erforderliche Feinfühligkeit, um die Fragen der Kinder zu Natur-, Technik und Umweltphänomenen zu erkennen und aufzugreifen und kann davon ausgehend **Interaktionsprozesse** mit Kindern sinnvoll gestalten (Kap. 3.3);
- hat eine positive **Einstellung** gegenüber naturwissenschaftlichen Themen und ist motiviert, gemeinsam mit Kindern naturwissenschaftlichen Phänomenen und Fragen nachzugehen (Kap. 3.4);
- kann gemeinsam mit Kindern **Projekte** sinnvoll planen, durchführen und reflektieren (Kap. 4);
- kann **Spiel- und Erfahrungsumgebungen** schaffen, die zum Explorieren und Erkunden naturwissenschaftlicher Phänomene einladen, und Kinder in die Planung und Gestaltung mit einbeziehen (Kap. 5).

3.2 Die Bedeutung von Fachwissen

Bildungspläne

Alle Bildungspläne für den frühpädagogischen Bereich enthalten neben verschiedenen anderen Bildungsbereichen auch Hinweise zur naturwissenschaftlichen Bildung. Hinsichtlich des Umfangs und auch in Bezug auf Inhalte und Umsetzung naturwissenschaftlicher Bildung, bestehen jedoch Unterschiede (Kap. 1.3.1). Während beispielsweise im Bayrischen Bildungsplan explizite Bildungsziele vorgegeben sind, stehen im nordrhein-westfälischen Bildungsplan die Selbstbildungsprozesse der Kinder im Vordergrund. Beispielhaft für Bildungsziele für den Bereich Naturwissenschaften und Technik sei hier das „Kennenlernen verschiedener Energieformen (z. B. mechanische, magnetische und Wärmeenergie)" genannt (StMAS / IFP 2006, 273).

Bedeutung für Aus- und Fortbildung

Nicht nur für die konkrete Arbeit im frühpädagogischen Bereich, sondern auch für die Aus- und Fortbildung von Frühpädagogen sind die Unterschiede in der pädagogischen Zielrichtung in den verschiedenen Bildungsplänen von großer Bedeutung. Die Angabe konkreter Bildungsziele z. B. aus dem Bereich Naturwissenschaft und Technik setzt voraus, dass Frühpädagogen das erforderliche Fachwissen im Vorfeld erworben haben.

Frage nach Wissenskanon

Daraus ergibt sich die Notwendigkeit, einen Wissenskanon für die einzelnen Bildungsbereiche für die Ausbildung von Frühpädagogen festzulegen. Konkret für den Bereich naturwissenschaftliche Bildung würde dies bedeuten, aus den beteiligten Wissenschaften Chemie, Physik und Biologie die zentralen Themen festzulegen und auf ein Minimum zu reduzieren, sodass sie in den wenigen Naturwissenschaftsseminaren, die in frühpädagogischen Studien und Ausbildungsgängen vorgesehen sind, erarbeitet werden können. Die Seminare würden dann ein Sammelsurium didaktisch reduzierter Bruchstücke aus ganz unterschiedlichen Fachwissenschaften darstellen.

Kinderfragen

Konsens besteht in der Fachwelt darüber, dass den Kinderfragen in der frühen Bildung eine zentrale Rolle zukommt. Führt man sich Kinderfragen vor Augen, so wird die Unmöglichkeit deutlich, aus den Kinderfragen einen Wissenskanon für den Bereich Naturwissenschaften abzuleiten, über den Frühpädagogen verfügen sollten. Exemplarisch seien hier folgende Kinderfragen angeführt:

1 „Können Seifenblasen auch sternförmig sein?

2 Brauchen Astronauten einen Raumanzug?

3 Warum schwimmen Eisschollen auf dem Wasser?

4 Wieso fliegt ein Ballon?

5 Warum fällt der Mond nicht herunter?

6 Warum steigen die Bläschen in der Fanta auf?

7 Warum wird ein Hühnerei beim Erhitzen hart?“ (Ansari 2010, 4)

Zur Beantwortung dieser Kinderfragen sind Kenntnisse aus ganz verschiedenen Bereichen der Physik und Chemie notwendig:

> *„Frage 1: Oberflächenspannung, Stabilität und Struktur*
>
> *Frage 2: Zusammenhang zwischen Temperatur und kinetischer Energie der Teilchen, atmosphärischer Druck;*
>
> *Frage 3 und 4: Dichte, Aggregatzustände der Materie, die Anomalie des Wassers, Auftrieb;*

Frage 5: Massenanziehung, Ursache und Art der Bewegung von Planeten;

Frage 6: Löslichkeit von Gasen in Abhängigkeit von Druck und Temperatur;

Frage 7: Aminosäuren, Denaturation" (Ansari 2010, 4).

Es wird deutlich, dass zur Beantwortung dieser Kinderfragen ein Naturwissenschaftsstudium notwendig ist. In zwei Naturwissenschaftsseminare, wie sie beispielsweise in vielen frühpädagogischen Bachelorstudiengängen vorgesehen sind, können diese Grundlagen nicht erarbeitet werden.

kreative Zusammenarbeit

Weiter verstehen wir es auch nicht als Kernkompetenz frühpädagogischer Fachkräfte im Bereich der naturwissenschaftlichen Bildung, direkt Antworten auf Fragen liefern zu können. Wir gehen vielmehr davon aus, dass unter naturwissenschaftlicher Bildung im frühpädagogischen Bereich ein „kreatives Zusammenarbeiten" (Ansari 2010, 1) verstanden wird, indem Kinder über ihre Erfahrungen reflektieren, Aspekte ihrer Welterfahrung hinterfragen und hierzu Vermutungen anstellen. Für ein „kreatives Zusammenarbeiten" kann es kein allgemein gültiges Curriculum geben (Ansari 2010, 7).

3.3 Pädagogische Kompetenz – Interaktionsgestaltung

„**Interaktion** ist eine wechselseitige Beeinflussung von zwei oder mehreren Subjekten und wird breiter als nur im Sinne von „reiner Kommunikation" verstanden" (Schelle 2011, 22).

Es stellt sich die Frage, wie Interaktionsprozesse zwischen Frühpädagogen und Kindern im Bereich naturwissenschaftlicher Bildung sinnvoll gestaltet werden können.

individuelle Unterstützung

Auch wenn davon ausgegangen wird, dass Bildungsprozesse immer Selbstbildungsprozesse sind, so heißt das nicht, dass Kinder mit ihren Fragen und ihrem Drang nach Welterkundung alleingelassen werden sollten. Die Qualität der Bildungsarbeit in einer Kindertageseinrichtung zeigt sich gerade darin, inwieweit ein Kind die individuelle Unterstützung erhält, die es benötigt, um seinen Bildungsprozessen nachzugehen (Andres 2007, 100).

Um diese individuelle Unterstützung gewährleisten zu können, ist es notwendig, dass der Frühpädagoge darüber im Bilde ist, welche Themen und Fragen die Kinder gerade beschäftigen.

Rolle der pädagogischen Fachkraft

Wie bereits in Kap. 3.2 erläutert, kommt es nicht darauf an, dass Frühpädagogen über ein umfangreiches Wissen hinsichtlich sämtlicher Naturwissenschaften verfügen und für alle naturwissenschaftlichen Kinderfragen Antworten bereithalten. Maßgebend für frühkindliche Bildungsprozesse sind Anregungen und Unterstützung der unmittelbaren Auseinandersetzung des Kindes mit der Umwelt. Naturwissenschaftliche Bildung ist letztlich als ein Prozess zwischen Erzieher und Kind zu verstehen (Diskowski 2007, 108).

„forschende Pädagogen“

Frühpädagogische Fachkräfte werden somit gesehen als

> *„forschende Pädagoginnen, die den Kindern mit Offenheit begegnen und mit Ernsthaftigkeit die Hypothesen der einzelnen Jungen und Mädchen über die Welt und ihre Beschaffenheit zu verstehen versuchen“ (Andres o.J., 8).*

> *„Die Aufgabe von Erzieherinnen wäre es dann vorrangig nicht, das Wissen zu haben und es den Kindern zu vermitteln – sondern den Kindern zu helfen, Fragen zu formulieren, sich über mögliche Antworten auszutauschen und die Antworten auf Fragen zu finden“ (Diskowski 2007, 108).*

Erzieher-Kind-Beziehung

Um die genannten Aufgaben erfüllen zu können, ist die Qualität der Erzieher-Kind-Beziehung in zweierlei Hinsicht von Bedeutung. Zum einen ist eine vertrauensvolle Beziehung zu einem oder mehreren Frühpädagogen die Ausgangsbasis dafür, dass ein Kind sich eigenaktiv mit der Welt auseinandersetzen, Fragen stellen und diesen nachgehen kann.

Bindung und Exploration

Ein Kind wird gerade dann angeregt, zu explorieren und Fragen über die Welt zu stellen, wenn es sich in einer reizreichen Umgebung befindet oder mit unbekannten Phänomenen konfrontiert ist. Gerade in solch aufregenden oder fremden Situationen hat ein Kind aber auch einen erhöhten Bedarf nach Zuwendung und Geborgenheit. Hat es keine vertrauensvolle Bezugsperson in seiner Nähe, so fühlt es sich unsicher und ist zunächst damit beschäftigt, ein Gefühl von Sicherheit herzustellen. Dies führt dazu, dass das Explorationsverhalten eingestellt wird und das Kind sich nicht auf den Weg macht, das Unbekannte zu erforschen und zu erkunden. Eine sichere Ausgangsbasis, beispielsweise durch eine vertraute Bezugsperson, ist damit die Voraussetzung für exploratives kindliches Verhalten und ein freies Erkunden der Welt (Schölmerich / Lengning 2008, 203).

Zusammenhang vertrauensvoller Beziehung und Interaktion

Neben der Tatsache, dass eine Bezugsperson dem Kind als Ausgangsbasis für die Auseinandersetzung mit und Erkundung der Welt dient, ist eine vertrauensvolle Beziehung zudem wesentlich, um eine Interaktion gestalten zu können, die naturwissenschaftliche Bildungsprozesse unterstützt.

> *„Dazu gehört mehr denn je das aufmerksame Wahrnehmen dessen, was Kinder interessiert und was sie können. [...] Es gehört ferner dazu, dass sie aus ihrem Verständnis des Kindes heraus Vorschläge machen können, wie es weitergeht. Schließlich sollten sie Vorstellungen davon haben, was das Tun und Denken der Kinder ergänzen, erweitern und herausfordern könnte" (Schäfer 2011b, o.S.).*

Bedeutung von Feinfühligkeit

Naturwissenschaftliche Bildungsprozesse können in diesem Verständnis dann besonders sinnvoll unterstützt werden, wenn der Umgang zwischen Kind und Fachkraft von einer sogenannten Feinfühligkeit geprägt ist (Schelle 2012, 22).

Feinfühligkeit
Feinfühligkeit umfasst das bewusste Wahrnehmen des einzelnen Kindes, das unmittelbare Reagieren auf das kindliche Verhalten sowie das Zur-Verfügung-Stehen als Ansprechpartner (Remsperger 2008, 10).

Effektivität von Interaktionsprozessen

In Längsschnittuntersuchungen zur Erforschung der Effektivität von Interaktionsprozessen zwischen frühpädagogischen Fachkräften und Kindern konnte gezeigt werden, dass bestimmte Interaktionsformen die Lern- und Bildungsprozesse der Kinder effektiver unterstützen als andere.

Sustained Shared Thinking

Dabei handelt es sich um Interaktionsprozesse, die auf dem Prinzip des sogenannten „Sustained Shared Thinking" basieren. Nach diesem Prinzip kommt offenen Fragen als Ausgangspunkt von Bildungsprozessen eine besondere Bedeutung zu.

"**Sustained Shared Thinking:** An episode in which two or more individuals "work together" in an intellectual way to solve a problem, clarify a concept, evaluate activities, extend a narrative etc. Both parties must contribute to the thinking and it must develop and extend "(Siray-Blatchford et al. 2002, 8).

Sustained Shared Thinking
Durch die Bezeichnung Sustained Shared Thinking (von uns als „anhaltendes geteiltes Denken" übersetzt) wird deutlich, dass die beiden Aktionspartner – Kind und Frühpädagoge – sich gemeinsam mit einem Problem oder einer Frage beschäftigen und aktiv am hierfür notwendigen wechselseitigen Austauschprozess beteiligt sind.

Studienergebnisse zeigen, dass diese Interaktionsform als besonders effektives didaktisches Handlungsmuster zur Unterstützung der kognitiven Entwicklung der Kinder anzusehen ist (König 2009, 122).

Fragen – Hypothesen – Überprüfung

Für den Bereich der naturwissenschaftlichen Bildung lässt sich aus diesem Prinzip ableiten, dass diejenigen Interaktionsprozesse zwischen Kind und frühpädagogischer Fachkraft am gewinnbringendsten sind, in denen beide gemeinsam als gleichberechtigte Partner naturwissenschaftlichen Fragestellungen nachgehen, davon ausgehend Hypothesen aufstellen, gemeinsam diskutieren und nach Wegen zur Überprüfung suchen.

Dies entspricht auch dem in Kap. 1 erläuterten Bildungsverständnis, das diesem Werk zugrunde liegt.

3.4 Einstellungen pädagogischer Fachkräfte zu Naturwissenschaften

Vorbehalte gegenüber Naturwissenschaften

„Naturwissenschaftliche Kenntnisse müssen zwar nicht versteckt werden, aber zur Bildung gehören sie nicht [...] Bei Wissenslücken im naturwissenschaftlichen Bereich wird niemand auf mangelnde Bildung schließen" (Schwanitz 2002, 618).

Diese Aussage von Schwanitz wird dem vorliegenden Lehrbuch selbstverständlich nicht zugrunde gelegt. Das Zitat weist jedoch auf einen Trend hin, wonach sich Naturwissenschaften keiner großen gesellschaftlichen Beliebtheit erfreuen. Vor allem Frauen haben Vorbehalte gegenüber Naturwissenschaften und zwar besonders gegenüber den Bereichen der unbelebten Natur. Dies belegen verschiedene empirische Studien wie z. B. die Interessensstudie Physik (Hoffmann et al. 1998).

Naturwissenschaften in der Kita

Zumindest in der Fachwelt herrscht jedoch Konsens darüber, dass naturwissenschaftliche Bildung – und zwar sowohl der Bereich der belebten als auch der unbelebten Natur – ihre Berechtigung bereits in der Kita hat. Vor dem Hintergrund, dass ein großer Teil der Frühpädagogen weiblich ist, wird die Frage aufgeworfen, ob die Vorbehalte die viele pädagogische Fachkräfte gegenüber Naturwissenschaften haben, einen Einfluss auf die Umsetzung der geforderten naturwissenschaftlichen Inhalte in der Kita hat. Hierzu liegen jedoch bisher keine Studienergebnisse speziell für den frühpädagogischen Bereich vor. Im Folgenden soll deshalb auf Ergebnisse aus dem schulischen Bereich eingegangen werden.

Der Einfluss der Einstellungen von Pädagogen zu Naturwissenschaften auf ihr pädagogisches Handeln im naturwissenschaftlichen Kontext findet seit den 1980er Jahren in der didaktischen Forschung große Beachtung.

Als **Einstellung** wird die Prädisposition oder Neigung einer Person verstanden, ein Objekt oder dessen symbolische Repräsentation in einer bestimmten Weise zu bewerten. Einstellungen drücken demnach ein inneres Verhältnis einer Person zu Objekten aus und erfüllen eine bewusstseinsstrukturierende Funktion, Einstellungsobjekte wie z.B. Personen oder Sachen mit einer bestimmten Wertigkeit und Präferenz auszustatten (Seel 2003, 123).

der Begriff Einstellungen

Neben dem Begriff Einstellungen werden in der fachdidaktischen Forschung verschiedene Begriffe synonym verwendet wie z. B. Vorstellungen, Überzeugungen, Haltungen, Auffassungen, Konzeptionen, subjektive Theorien und implizite Theorien.

Einstellungen steuern das Verhalten

Einstellungen üben nach sozialpsychologischer Lehrmeinung einen dynamischen und steuernden Einfluss auf das Verhalten von Menschen aus. Die Beziehung zwischen Einstellungen und Verhalten wird durch ein sogenanntes **Dreikomponentenmodell** (Klauer 1991) beschrieben:

- **Die affektive Komponente** umfasst die gefühlsbestimmte Bewertung eines Objektes.
- **Die kognitive Komponente** umfasst Inhalt und Struktur des Wissens, das zu dem Einstellungsobjekt vorhanden ist.
- **Die Verhaltenskomponente** umfasst beobachtbares, mit einer Einstellung verknüpfbares Handeln.

exponierte Stellung kognitive Komponente

Die kognitive Komponente der Einstellung nimmt hierbei eine exponierte Position ein. Nicht nur, weil sie zwischen den anderen beiden Komponenten vermittelt, sondern auch weil sie am ehesten durch Interviews, Fragebögen etc. zu erfassen ist (Seel 2003, 123). Allerdings zeigen Studienergebnisse, dass die kognitive Komponente der Einstellungen, die durch verbal geäußerte Überzeugungen sichtbar wird, nicht immer mit dem tatsächlich beobachtbaren einstellungsbezogenen Verhalten übereinstimmt.

Zusammenhang zwischen Einstellung und Verhalten

Speziell für die Bereiche Naturwissenschafts- und Mathematikdidaktik wurde eben dieser Zusammenhang zwischen verbal geäußerten Einstellungen und beobachtbarem Verhalten im Unterricht erforscht.

Für den Bereich Mathematik können vier Hauptkategorien unterschieden werden, aus denen sich die individuelle Sicht auf Mathematik zusammensetzt (Leder et al. 2002). Diese Kategorien lassen sich auf den Bereich Naturwissenschaften übertragen. Sie umfassen folgende Komponenten:

- Vorstellungen von Naturwissenschaften (Eigenschaften naturwissenschaftlicher Probleme, Ursprünge naturwissenschaftlichen Wissens)
- eigene Beziehung zu Naturwissenschaften
- Einstellungen zum Lehren von Naturwissenschaften
- Einstellungen zum Lernen von Naturwissenschaften

Eine ausführliche Übersicht hierzu findet sich in Leder, G.C., Forgasz, H.J. (2002): Measuring Mathematical Beliefs and Their Impact on the Learning of Mathematics. In: Leder, G.C., Pehkonen, E., Törner, G. (Eds.): Beliefs: A Hidden Variable in Mathematics Education? Kluwer Academic Publishers, Dordrecht, 95–114

Verschiedene Studienergebnisse aus dem Bereich der Naturwissenschaftsdidaktik weisen darauf hin, dass die Einstellung der Lehrperson zu einem Fachgebiet Einfluss hat auf die Art und Weise wie an eine Thematik herangegangen wird und welche Komponenten eines Themas behandelt werden (z.B. Mulhall / Gunstone 2005). Es konnte gezeigt werden, dass die Einstellung der Lehrkraft zu Naturwissenschaften sowohl ihr eigenes Verhalten beeinflusst als auch den Lernerfolg der betroffenen Schüler. Des Weiteren konnte auch ein Zusammenhang zwischen den Einstellungen der Pädagogen und der Auswahl der behandelten naturwissenschaftlichen Themen nachgewiesen werden. Lehrkräfte mit negativen Einstellungen gegenüber Naturwissenschaften gingen spontanen Schülerfragen eher aus dem Weg. Überträgt man diese Ergebnisse auf den frühpädagogischen Bereich, so ist davon auszugehen, dass die Haltung der pädagogischen Fachkräfte einen Einfluss auf die Art und Weise und auch auf den Umfang der Beschäfti-

gung mit naturwissenschaftlichen Inhalten in der Kindertageseinrichtung hat. Hierzu stehen empirisch Befunde allerdings noch aus.
Um Kinder in ihren naturwissenschaftlichen Bildungsprozessen unterstützen zu können, ist es notwendig, sich zunächst über die eigene Haltung gegenüber naturwissenschaftlicher Bildung bewusst zu werden und gegebenenfalls Ängste und Vorbehalte zu überwinden. Dieses sollte das primäre Ziel von Aus- und Fortbildungsangeboten in diesem Bereich sein. Eine positive Einstellung gegenüber naturwissenschaftlicher Bildung ist die Voraussetzung, um Kinder authentisch zu naturwissenschaftlichen Fragestellungen ermutigen und anregen zu können.

1. Welche Kompetenzen gehören nach Weinert (2001) zur professionellen Handlungskompetenz von Lehrkräften?
2. Welche Unterschiede lassen sich zwischen der professionellen Handlungskompetenz von Lehrern und der professionellen Handlungskompetenz von Frühpädagogen feststellen?
3. Welche Bedeutung kommt dem Aspekt der Feinfühligkeit im Kontext früher naturwissenschaftlicher Bildung zu?
4. Was ist unter dem Prinzip des „Sustained Shared Thinking“ zu verstehen?
5. Wie lässt sich dieses Prinzip im Bereich naturwissenschaftliche Bildung umsetzen?
6. Beschreiben Sie die Beziehung zwischen Einstellung und Verhalten.
7. Reflektieren Sie Ihre eigene Einstellung gegenüber früher naturwissenschaftlicher Bildung. Lassen sich Unterschiede in Bezug auf unterschiedliche Themenbereiche feststellen?
8. Welche Faktoren haben Ihre Haltung gegenüber Naturwissenschaften beeinflusst?

Lösungen zu den Lernfragen gibt es unter www.reinhardt-verlag.de.

4 Methodisch-didaktische Umsetzung naturwissenschaftlicher Bildung

Spricht man über naturwissenschaftliche Bildung in Kindertageseinrichtungen und deren Umsetzung, so wird dies häufig direkt in Verbindung gebracht oder gar gleichgesetzt mit dem Durchführen von Experimenten.
Doch was bedeutet Experimentieren im Bereich der frühen Kindheit?
Es geht hier, ausgehend vom erläuterten Bildungsverständnis, nicht um das Durchführen vorgefertigter Experimente nach einer genauen Anleitung, losgelöst von den Interessen und der aktuellen Situation der Kinder. Kinder erkunden und erforschen die Welt und stoßen hierbei auf Probleme und Fragen, die es zu lösen gilt. Mit zunehmendem Alter und unterstützt durch feinfühlige Frühpädagogen stellen sie daraufhin Hypothesen auf und überprüfen diese nach und nach systematisch, um zu Antworten oder Problemlösungen zu gelangen. Diese Art des freien Experimentierens findet häufig im Rahmen von Projekten statt, da sich die Kinder hier ausgehend von ihren Interessen intensiv mit den Fragen und Problemen zu einem Thema auseinandersetzen. Im Rahmen von Projekten sind Kinder in der Planungs- und Durchführungsphase aktiv. Der

Pädagoge ist hierbei als Assistent der Kinder zu verstehen. Projektbegleitend und -abschließend werden die Prozesse und Ergebnisse präsentiert, reflektiert und somit an der Wirklichkeit überprüft.

4.1 Der Begriff der Didaktik

Skepsis gegenüber „Didaktikbegriff"

Da die sogenannte Verschulung des Elementarbereichs befürchtet wurde, gab es lange Zeit Vorbehalte gegen den schulisch geprägten Begriff der Didaktik, der sich ursprünglich auf das Unterrichtsgeschehen bezog. Inzwischen hat der Begriff der Didaktik Verwendung im frühpädagogischen Bereich gefunden, wenngleich er teilweise immer noch mit Skepsis betrachtet wird oder gar auf Ablehnung stößt. Es bestehen unterschiedliche Vorstellungen darüber, wie die Didaktik im Elementarbereich zu verstehen ist (Schelle 2011, 10).

Es gibt ein Verständnis

> *„[...] von der Didaktik als pädagogischer Haltung, die das Handeln der Fachkräfte prinzipiell durchdringen muss, bis hin zur Auffassung, dass Didaktik das pädagogische Handeln in konkreten Situationen strukturieren und anleiten solle" (Schelle 2011, 10).*

Nähere Informationen zur Didaktik im Elementarbereich können nachgelesen werden in Schelle, R. (2011): Die Bedeutung der Fachkraft im frühkindlichen Bildungsprozess. Didaktik im Elementarbereich. Eine Expertise der Weiterbildungsinitiative Frühpädagogische Fachkräfte (WiFF) (Hrsg.). Deutsches Jugendinstitut e.V., München

zentrale Rolle der pädagogischen Fachkraft

Unabhängig von diesen unterschiedlichen Vorstellungen herrscht Konsens darüber, dass die pädagogische Fachkraft im Zentrum didaktischer Überlegungen steht.

> *„Die unterschiedlichen Herangehensweisen, Bildungsprozesse zu organisieren und zu begleiten, werden traditionell alle mit dem Begriff Didaktik umfasst" (Henneberg et al. 2010, 151).*

Es geht hierbei konkret um die Frage, wozu und wie etwas gelernt werden soll. Demnach muss sich die pädagogische Fachkraft mit Inhalten, Zielen und Methoden des kindlichen Lernens auseinandersetzen (von Martial / Bennack 2004, 63).

Auch Liegle (2010, 11 f.) verweist auf dieses „didaktische Dreieck“ – Ziele, Inhalte und Methoden. Nachdem Ziele und Inhalte bereits in Kap. 1.2 im Zusammenhang mit dem Bildungsverständnis erläutert wurden, soll hier verstärkt auf den dritten Aspekt, die Methoden, eingegangen werden. Experimente und Projekte sind gängige Methoden in der frühen naturwissenschaftlichen Bildung.

4.2 Experimente – „Von Knalleffekten und freiem Explorieren“

Die wissenschaftliche Erforschung der Natur hat zum Ziel, mithilfe von Theorien Ausschnitte der Realität so zu beschreiben, dass sich daraus zuverlässige Prognosen ableiten lassen.

das Experiment in der Wissenschaft

Der Weg dieser Erkenntnisbemühung wird als hypothetisch-deduktive Methode bezeichnet. In einem Zusammenspiel induktiven und deduktiven Schließens werden Hypothesen aufgestellt, die dann mithilfe geeigneter Experimente oder auch nur durch Beobachtung überprüft werden. Bewähren sich die Hypothesen über die Natur im Experiment oder durch die Beobachtung, so fließen die neu gewonnenen Erkenntnisse in empirische Theorien ein, die so lange als gültig angesehen werden können bis neue

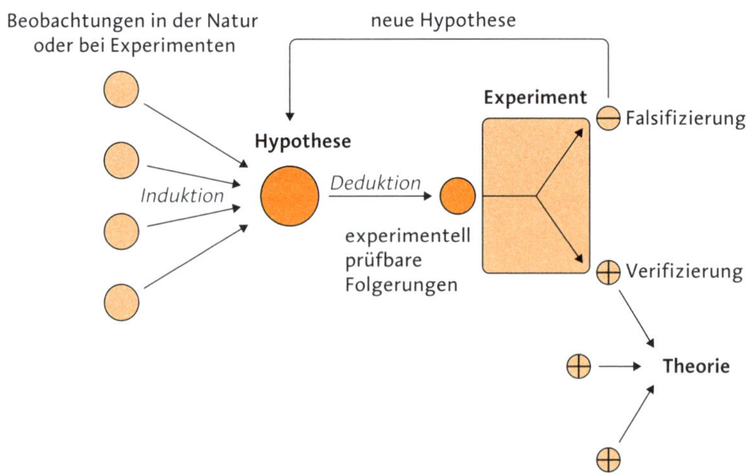

Abb. 2: Schema zur empirisch-kritischen Methode der naturwissenschaftlichen Erkenntnisgewinnung. Aus: SINUS Bayern (o. J.): Naturwissenschaftliches Arbeiten.

empirische Daten eine Revision erfordern (→ Abb. 2). Können die Hypothesen nicht bestätigt werden, so werden neue Hypothesen aufgestellt und diese erneut überprüft. Der wissenschaftstheoretische Prozess ist damit jedoch noch nicht umfassend beschrieben. Z. B. können Beobachtungen bereits durch vorhergehende Vorstellungen und Theorien beeinflusst werden. Neue Theorien setzen sich erst in einem Wettstreit durch.

das Experiment in der Schule

In der Wissenschaft werden Experimente also mit dem Ziel durchgeführt, Hypothesen zu überprüfen. Im schulischen Physik- oder Chemieunterricht kommen dem Experiment weitere Funktionen zu. Es kann dazu beitragen, Interesse an Naturerscheinungen zu wecken, Vermutungen anzuregen, zu bestätigen oder auch Arbeitstechniken einzuüben.

das Experiment in der Kita

Vor diesem Hintergrund stellt sich die Frage, ob Experimenten bereits im frühkindlichen Bereich eine sinnvolle Funktion zugeschrieben werden kann. Es gibt inzwischen eine große Anzahl an Büchern, in denen Experimente speziell für den Kitabereich vorgeschlagen werden.

Die meisten der dargestellten Experimente sind jedoch exakte Handlungsanleitungen, in denen der durchführenden Person jeder einzelne Arbeitsschritt genau erklärt und damit kaum Raum zum selbstständigen Ausprobieren gelassen wird. Tritt dann der Effekt ein, den das Experiment hervorrufen sollte, so folgt die Erklärung und es geht weiter zum nächsten Experiment (Kosack 2011, 123). Die meisten Experimente für den Kitabereich sind zwar derart konzipiert, dass die Kinder die Versuche selbst durchführen können. Jedoch wird den Kindern häufig nicht die Möglichkeit eingeräumt, ihr Wissen selbst zu konstruieren. Durch die Experimente werden den Kindern Phänomene vor Augen geführt, die mithilfe von nur schwer oder gar nicht verständlichen Theorien durch Experten anschließend erklärt werden (Möller 2009, zit. nach Rohen-Bullerdiek 2012, 171). Es wird dabei der Versuch unternommen, komplizierte naturwissenschaftliche Theorien soweit zu vereinfachen, dass sie bereits für Kinder im Kindergartenalter verständlich sind. Hierbei stellt sich die Frage, ob die didaktisch reduzierten Erklärungen oder Modellvorstellungen das erreichen, was intendiert wird, oder ob sie nicht womöglich sogar Fehlvorstellungen fördern (Köster 2008, 196).

Wagenschein (1971, 61) warnt davor, die physikalische, aspekthafte, abstrakte Sichtweise zu früh an Kinder heranzutragen. Und obwohl sich die Fachwelt darin einig zu sein scheint, dass naturwissenschaftliche Bildung in der Kita nicht bedeutet, dass Themen aus der Schulphysik, -chemie oder -biologie vorverlegt werden, so weisen doch viele Experimentieranleitungen für den Elementarbereich genau darauf hin.

Kinder experimentieren gerne. Das hat z. B. Gisela Lück (2009) in ihren

Arbeiten gezeigt. Experimente üben also einen gewissen Reiz auf Kinder aus. Doch was löst letztendlich das Interesse der Kinder gegenüber Experimenten aus? Ist es eine naturwissenschaftliche Fragestellung oder eine Hypothese, der auf den Grund gegangen werden soll, oder ist es nicht vielmehr das Staunen, das die Aufmerksamkeit der Kinder auf das Experiment richtet? Sind Kinder vielleicht einfach fasziniert von Knalleffekten und sichtbar werdenden Phänomenen, die sie an Magie und Zauberei erinnern? Wenn man davon ausgeht, dass der Reiz der Experimente direkt auf ein Interesse an naturwissenschaftlichen Themen zurückzuführen ist und automatisch zu einem Verständnis naturwissenschaftlicher Zusammenhänge führt, sitzt man möglicherweise einem Trugschluss auf.

freies Explorieren und Experimentieren

Ein anderes Verständnis des Experimentierens beschreibt Köster (2008, 202 ff.) in „FEE – Freies Explorieren und Experimentieren". Es handelt sich hierbei um ein Konzept der Selbstbildung durch Phänomene. Nach diesem Konzept gelangen Kinder durch freies, eher unspezifisches Explorieren von sich aus zum spezifischeren Experimentieren. Wenn Kinder über eine Sache staunen, beginnen sie von sich aus zu explorieren. Selbstbestimmung und intrinsische Motivation sind hierbei die wichtigsten Komponenten. Dieser Exploration liegen dann noch keine spezifischen Fragestellungen oder Hypothesen zugrunde wie sie das naturwissenschaftliche Experiment voraussetzt. Beim Explorieren steht das Ausprobieren, Kennenlernen und Erforschen des Gegenstandes oder Phänomens im Vordergrund. Dabei werden grundlegende Erfahrungen über Phänomene gemacht, die für ein späteres Verstehen von Sachverhalten zur Verfügung stehen. Dieses Explorieren kann sich dann zum Experimentieren entwickeln, d. h. der Blick wird zielgerichteter, und es steht die Beantwortung einer spezifischen Frage im Vordergrund. Da Kinder von sich aus explorieren, kann eine Förderung hierin bestehen, ihnen anregende Materialien zur Verfügung zu stellen, die zum Explorieren herausfordern (Köster 2008, 204 f.).

Zusammenhang von Experimenten und Projekten

Häufig treffen Kinder im Rahmen von Projekten über das freie Explorieren zum jeweiligen Thema auf spezifische Fragen oder Probleme. Um diese Fragen zu beantworten, werden schließlich Hypothesen aufgestellt und überprüft. Es werden also Experimente ausgehend von einem echten Problem oder einer Frage durchgeführt. Das Experimentieren und Explorieren spielt demnach eine wesentliche Rolle für die Arbeit in naturwissenschaftlichen Projekten. Dies wird auch durch die Projektbeispiele in diesem Kapitel deutlich.

4.3 Projekte – „Was genau ist ein Projekt und woher kommt es?“

der Begriff und seine Herkunft

Bereits zu Beginn des 18. Jahrhunderts kam es zur Verwendung des Begriffs Projekt. Französische Architekturstudierende sollten ohne Unterstützung durch den Professor in Kooperation Baupläne entwerfen, die möglichst originell sein sollten. Später fand der Begriff eine sozialreformerische-politische Verwendung. Ein Projekt beschrieb

> *„[...] ein Lernen durch Tun, basierend auf einem grundlegenden Verständnis von Demokratie“ (Stamer-Brandt 2010, 6).*

Projekte sind heute eine gängige und weit verbreitete Methode in der pädagogischen Arbeit. Aber nicht nur in Kindertageseinrichtungen und Schulen werden häufig Projekte durchgeführt, auch in Unternehmen ist die Arbeit in Projekten und Projektteams gang und gäbe. Das Verständnis sowie die entsprechende Umsetzung von Projekten können jedoch sehr unterschiedlich sein.

Für Projekte in Kindertageseinrichtungen soll zunächst von folgender Definition ausgegangen werden:

Ein **Projekt** stellt den gemeinsam von Erziehenden, Kindern, Eltern und Experten unternommenen Versuch dar, Leben, Lernen und Arbeiten zu verbinden. In Projekten findet über einen längeren Zeitraum eine Auseinandersetzung mit einem Thema statt, an der verschiedene Gruppen gleichberechtigt beteiligt sind. Dabei ist nicht in erster Linie das Produkt, also das Handlungsergebnis, das angestrebt wird, von Bedeutung, sondern der Weg, mit dem man dahin gelangt. Ausgangspunkt von Projekten ist i.d.R. eine Thematik, die die Betroffenen besonders beschäftigt (Brandt/Knauer 1999 zit. nach Stamer-Brandt 2010, 5).

naturwissenschaftliche Projekte in der Kita

Naturwissenschaftliche Projekte zeichnen sich dadurch aus, dass Kinder sich ausgehend von eigenen Fragestellungen mit der Welt auseinandersetzen, in der sie leben. Durch selbstbestimmtes und selbsttätiges Agieren sollen sie Grunderfahrungen machen, die es ihnen ermöglichen, naturwissenschaftliche Zusammenhänge und Phänomene nachvollziehen zu können. Stehen Kinder vor einem Problem, beispielsweise in Form einer naturwissenschaftlichen Fragestellung, so entwickeln sie gemeinsam mit der frühpädagogischen Fachkraft einen Plan, um eine Lösung herbeizuführen. Der

Frühpädagoge nimmt dabei eine begleitende und nicht steuernde Rolle ein. Er kann nach Knauf (1998) auch als „Assistent der Kinder" bezeichnet werden.

INFO

Rolle des Frühpädagogen
Pädagogen sind als Assistenten oder Begleiter der Kinder zu sehen. Allerdings bedeutet dies nicht, dass sie weitestgehend passiv sind. Die Pädagogen sind sensibel für die Fragen der Kinder, greifen Fragen auf und geben auf Grundlage feinfühliger Beobachtung Impulse durch Fragen, Gespräche oder Materialien.

Die Projektarbeit wird unter anderem im gemeinsamen Rahmen der Länder für die frühe Bildung in Kindertageseinrichtungen als ein Lernarrangement hervorgehoben, das Interdisziplinarität durch die Verknüpfung unterschiedlicher Bildungsbereiche ermöglicht.
„Die inhaltlichen Förderschwerpunkte in den Rahmenplänen stehen nicht isoliert, sondern durchdringen sich gegenseitig. Durch angemessene Lernarrangements ist es möglich, mehrere Förderbereiche gleichzeitig umzusetzen. Die pädagogische Praxis muss diese Verbindung und gegenseitige Durchdringung der Felder wahren und gezielt gestalten. Besonders geeignet für das ganzheitliche Lernen ist die Projektarbeit. Es empfehlen sich Lerninhalte, die die Lebenswelt der Kinder betreffen und an ihren Interessen anknüpfen, sowie Lernformen, die selbst gesteuertes Lernen fördern, Gestaltungsspielräume eröffnen und Teamarbeit ermöglichen, den produktiven Umgang mit Fehlern fördern und es den Kindern erlauben, frei zu erkunden und auszuprobieren" (JMK/KMK 2004, 3).

Interesse und emotionales Engagement

Die kindlichen Interessen und das adäquat emotionale Engagement stehen im Zentrum. Entsprechend werden Projekte auch als eine vom Herzen kommende und absichtsvolle Aktivität beschrieben (Frey 1982, 35).

„Projekte basieren auf dem authentischen Interesse und oft auf konkreten Erlebnissen der Kinder (z.B. der plötzliche Regen, das Jungekriegen einer Katze)" (Knauf 2003, 3).

Sie entstehen im Spiel der Kinder, durch Gespräche, im Morgenkreis oder gehen aus Beobachtungen der pädagogischen Fachkräfte hervor. Wurde ein Projekt-Thema aufgegriffen, so ist es Teil des Kita-Alltags (Knauf 2003, 2f.).

Gruppendynamik

Man beobachtet in Kitas häufig, dass Projekte durch gruppendynamische Prozesse entstehen und sich weiterentwickeln. Ein Kind findet beispielweise kleine Frösche im Garten. Es interessiert sich für diese Frösche und es dauert meist nicht lange, bis es andere in seine Auseinandersetzung mit den Tieren einbezieht und in einen Austausch eintritt. So kommen neue Impulse und Fragen zu diesen Fröschen hinzu, denen es nachzugehen gilt. Dies könnte beispielsweise der Anstoß für ein längeres Projekt sein, das durch ein gemeinsam entstehendes Interesse der Kinder entsteht und durch eine dynamische Interaktion der Kinder untereinander im weiteren Verlauf bereichert wird.

Bedeutung von Interaktion

Erwachsene und Kinder gehen im Rahmen von Projekten also gemeinsam Fragen nach, was dazu führt, dass Kinder soziale Erfahrungen machen können. Denn sowohl ein Austausch der Kinder mit Erwachsenen als auch mit anderen Kindern ist meist obligatorisch. Die Bedeutung der Interaktion von Kindern untereinander sowie ihre positive Auswirkung auf Bildungsprozesse insbesondere im Rahmen von Projekten darf hierbei nicht unterschätzt werden.

Kinder denken ähnlich

Ein Erwachsener benötigt, wie in Kap. 3 beschrieben, ein bestimmtes Maß an Feinfühligkeit, um sich in ein Kind einzufühlen und sich gemeinsam mit dem Kind im Sinne des beschriebenen Sustained Shared Thinking mit einem Thema oder einer Frage auseinanderzusetzen.

Im Austausch mit Gleichaltrigen hingegen sind sowohl das Denken als auch die Perspektiven auf die Dinge oftmals ähnlich. Entsprechend sind Gleichaltrige wichtige Partner in der Auseinandersetzung mit der Welt. Sie können einer Fragestellung eher mit dem gleichen natürlichen Interesse und einer entsprechenden Ernsthaftigkeit nachgehen (Völkel 2010, 71).

> *„Die Kinder bereichern ihr Wissen gegenseitig, indem sie Ideen und Gedanken im gemeinsamen Handeln teilen und weiter entwickeln. Dabei geben sie sich gegenseitig Impulse und gestalten so ihre Spiel- und Forschungsprozesse“* (Alemzadeh / Rosenfelder 2009, 19).

verbale und nonverbale Kommunikation

In der Reggio-Pädagogik spielen Projekte zur Gewinnung alltagspraktischer Kompetenzen sowie für das Verständnis von sich selbst und der Welt eine entscheidende Rolle. Auf der Suche nach Erkenntnissen über die Welt und ihre Zusammenhänge ist es bedeutsam, dass Kinder ihre individuelle Auseinandersetzung sowie schließlich die gewonnenen Erkenntnisse kommunizieren und reflektieren können. Dies geschieht sowohl verbal durch Sprache als auch nonverbal beispielsweise durch das Malen von Bildern oder ähnlichen gestalterischen Aktivitäten.

Projekte im reggianischen Verständnis

Projekte im Verständnis der Reggio-Pädagogik verfolgen zusammengefasst folgende Aspekte:

- „sinnliche Wahrnehmung,
- exploratives, erkundend-experimentelles Handeln,
- Deuten von Beobachtungen,
- Nachdenken über Wirkungszusammenhänge,
- Aktivieren von Emotionen,
- Aktualisieren von Erinnerungen an ähnliche Situationen,
- Vernetzen von Wahrnehmungen und inneren Bildern,
- Kommunikation über Beobachtungen, Handlungen, Hypothesen und Gefühle,
- Darstellen der persönlich bedeutungsvollen Gegenstände und Handlungen sowie der ausgelösten Assoziationen und Phantasien mittels verschiedener Ausdrucksmittel,
- Gestalten oder Verändern von Gegenständen als Träger des neu gewonnenen Wissens und der Vorstellungen der Kinder von ihnen persönlich wichtigen Ideen, Personen und Gegenständen" (Knauf 2003, 3).

Struktur und Dauer von Projekten

Während im schulischen Kontext Projekte häufig in einer vorgesehenen Struktur durchgeführt werden, haben Projekte in der Kita oft keinen bestimmten Ablauf. Sie entstehen im Alltag und sind auch Teil dessen. Sie finden also nicht ausschließlich zu bestimmten Zeiten oder Tagen statt. Zudem sind sie nicht zwingend zeitlich begrenzt. Das bedeutet, dass sich ein Projekt in Abhängigkeit vom Interesse der Kinder entwickelt und entsprechend ausgedehnt oder beendet werden kann.

> *„Ein Projekt kann von ganz unterschiedlicher Zeitdauer sein (von zwei Stunden bis zu einem Jahr!). Auch die Zahl der Projektteilnehmer hängt allein von der Interessenbindung der Beteiligten ab. Letztlich kann ein Projekt auch nur von einem Kind realisiert werden. Meistens ist es allerdings*

eine Kleingruppe von ca. drei bis fünf Kindern, in der sich ein gemeinsames Interesse am ehesten finden und stabil halten lässt. In länger andauernden Projekten kann die Zahl der beteiligten Kinder schwanken; es können Kinder ‚aussteigen‘ und andere dafür ‚einsteigen‘“ (Knauf 2003, 3).

Schritte und Merkmale von Projekten

Gudjons (2008, 79–92) führt folgende Schritte und Merkmale für den Projektunterricht in Schulen auf. Diese Merkmale können weitestgehend auf Projekte in Kitas übertragen werden.

Im ersten Schritt wird von einem ernsthaften Problem ausgegangen. **Merkmale zu Projektschritt 1:** Projektschritt 1

- **Situationsbezug:** Hier stellt sich die Frage, ob das Problem an der Lebenswelt und den bisherigen Erfahrungen der Kinder anknüpft. Allerdings muss das Problem auch in einer Weise fremd sein, dass es die Kinder herausfordert.
- **Orientierung an den Interessen der Beteiligten:** Damit die Kinder sich ernsthaft herausgefordert fühlen und motiviert sind, ist das eigene Interesse eine wesentliche Vorausaussetzung.
- **Gesellschaftliche Praxisrelevanz:** Projektthemen sollten nicht beliebig, sondern danach ausgewählt werden, dass sie zur Verbesserung der Gesellschaft oder aber auch zum Zusammenleben einer Gruppe beitragen.

Zur Problemlösung wird in einem zweiten Schritt gemeinsam ein Plan entwickelt. **Merkmale zu Projektschritt 2:** Projektschritt 2

- **Zielgerichtete Projektplanung:** Nach einem demokratischen Verständnis werden die Schritte zur Lösung eines Problems von Kindern und Pädagogen gemeinsam entwickelt. Der Plan ist in der Projektarbeit als offen zu bezeichnen. Er kann sich je nach Verlauf verändern und an neue Erfahrungen, Erkenntnisse und Situationen angepasst werden.
- **Selbstorganisation und Selbstverantwortung:** Ziele, Art und Methode der Lernprozesse im Rahmen eines Projekts werden nicht vom Erwach-

senen bestimmt. Kinder haben ein hohes Maß an Selbstverantwortung bei der Planung und Durchführung eines Projektes. Der Pädagoge ist jedoch aktiv unterstützend und begleitend beteiligt.

Projektschritt 3

Im dritten Schritt folgt nun die handlungsorientierte Auseinandersetzung zur Problemlösung. **Merkmale zu Projektschritt 3:**

- **Einbeziehen vieler Sinne:** Im Projektunterricht wird gemeinsam an einem Problem gearbeitet. Hierbei werden möglichst viele Sinne einbezogen. Ziel ist es, das Problem nicht nur in der Theorie zu lösen, sondern durch eine handelnde Auseinandersetzung eine Verknüpfung mit der Praxis herzustellen.

- **Soziales Lernen:** Im Rahmen von Projekten wird in Gruppen zusammengearbeitet. Entsprechend spielen gruppendynamische Prozesse eine bedeutende Rolle. Da das Projekt gemeinsam entwickelt wird, ist eine gegenseitige Rücksichtnahme erforderlich. Zudem wird die Fähigkeit zur Kommunikation im Rahmen von Projekten gefördert, denn die Interaktion wird nicht vom Erwachsenen gesteuert.

Projektschritt 4

Die Problemlösung wird im vierten Schritt an der Wirklichkeit überprüft. **Merkmale zu Projektschritt 4:**

- **Produktorientierung:** Die Arbeit in einem Projekt führt zu einem Ergebnis. Durch eine selbstverantwortliche und eigenaktive Auseinandersetzung mit einem Thema werden Erfahrungen und Erkenntnisse gewonnen, die dokumentiert werden. Dadurch wird das Produkt des Prozesses kommunizierbar.

- **Interdisziplinarität:** Projekte sind in der Regel nicht ausschließlich einem Bildungsbereich zuzuordnen. Sie zeichnen sich dadurch aus, dass ein Thema aus unterschiedlichen Perspektiven und mit unterschiedlichen Methoden betrachtet wird. Projekte sind somit als Schnittmenge unterschiedlicher Bildungsbereiche anzusehen.

- **Grenzen von Projektarbeit:** Als letztes Merkmal seien auch die Grenzen der Projektarbeit erwähnt. Allerdings ist hier schwerlich eine Übertragung auf den Elementarbereich möglich, da es um eine Auseinandersetzung mit anderen Unterrichtsformen geht. Dies hat für den Bereich der Frühpädagogik keine Bedeutung.

Näheres zur Projektarbeit kann nachgelesen werden in Gudjons, H. (2008): Handlungsorientiert lehren und lernen. Schüleraktivierung. Selbsttätigkeit. Projektarbeit. Klinkhardt, Bad Heilbrunn

4.4 Projektbeispiele aus der Praxis

In den Kindertagesstätten „KlinikPänz" in Köln und „Zwergennest" in Hüllhorst gehören Projekte zum pädagogischen Alltag der Einrichtungen. Die ausgewählten Praxisbeispiele zeigen, wie naturwissenschaftliche Projekte entstehen und von Kindern und pädagogischen Fachkräften gemeinsam weiterentwickelt werden können.

4.4.1 Das „Schneckenprojekt" – Praxisbeispiel zur belebten Natur

In der Bildungskindertagesstätte KlinikPänz des Trägers educcare gGmbH in Köln wurde ausgehend von den Fragen der Kinder ein Projekt zum Thema „Schnecken" durchgeführt. In Zusammenarbeit mit Frau Schrörer und Frau Harms von den KlinikPänz ist diese Projektbeschreibung entstanden.

Abb. 3: Kinder beobachten Schnecken im Hochbeet.

Projektschritt 1: Es wird von einem ernsthaften Problem ausgegangen

Eine Schnecke klebt von außen an der Gruppentür. Die Kinder stehen von innen an der Scheibe und fragen sich, wie die Schnecke dorthin gekommen ist. Nach kurzer Zeit setzt die Schnecke ihren Weg fort und die Kinder beginnen, sich darüber auszutauschen und Fragen zu stellen: „Die hat ja gar keine Füße!“ „Wie kann sie denn dann laufen?“ „Die läuft nicht, die kriecht.“ Die Kinder gehen zum Mittagessen, danach ist die Schnecke weg und die Kinder finden sie auch nicht mehr im Garten. Ein Kind bringt eine Schnecke mit, die es auf dem Weg zum Kindergarten gefunden hat. Die Kinder setzen die Schnecke in ein Hochbeet im Garten und schauen, was sie dort macht (→ Abb. 3).

das Interesse der Kinder

Die Kinder entdecken, dass die Schnecke ihre Fühler aus- und einfahren kann: „Warum kommen die beiden Spitzen immer rein und raus?“ „Was sind das für Spitzen?“

Situationsbezug

Die Frühpädagogin konnte die Situation beobachten und erkennen, dass sich einige Kinder für das Thema „Schnecken“ interessieren und dass Fragen aufgekommen sind. Sie greift diese Fragen auf und schlägt vor, in den Büchern der Einrichtung nach Antworten zu suchen.

Wir suchen Tierlexika in der Kita und finden in einem Buch eine Seite, in der der Aufbau einer Schnecke erklärt wird: Die Spitzen sind die Augen. Schnecken können mit diesen Augen zwar nicht viel sehen, aber hell und dunkel können sie gut unterscheiden. Überwiegend tasten sie mit ihren Augen.

Es ist Waldtag und die Kinder finden zwei Schnecken: Wir nehmen diese mit in die Kita und setzen sie auf einen Tisch. Die Kinder suchen im Garten nach Dingen, die die Schnecken essen könnten. Sie bringen Löwenzahn mit. „Essen Schnecken das?“ Wir beobachten die Schnecken und sehen, dass eine nur den grünen Stiel isst, die andere die gelbe Blüte. Die Kinder berühren die Schnecken mit den Fingern und trauen sich schließlich, sie ganz auf die Hand zu nehmen (→ Abb. 4). „Die klebt ja!“ „ Ihh, da ist Schleim.“

erste sinnliche Erfahrungen

Um die Schnecken weiter beobachten zu können, lassen wir sie über Nacht in einer Kiste in der Kita.

Am nächsten Morgen entdecken die Kinder grüne und gelbe „Würmer" in der Kiste: Bei genauerem Hinsehen merken sie, dass es keine lebenden Würmer sind. „Was sind das denn für Würmer?"

Formulieren einer Frage oder eines Problems

Projektschritt 2: Gemeinsam einen Plan zur Problemlösung entwickeln

Nachdem eine Frage entstanden ist, begeben wir uns im Internet gemeinsam auf die Suche nach Antworten: Wir stellen fest, dass so der Kot der Schnecken aussieht. „Aber warum ist der eine Wurm gelb und der andere grün?" Da wir am vorigen Tag einige Fotos von den Schnecken gemacht haben, kommt im Austausch die Idee auf, diese Fotos anzuschauen, um herauszufinden, was die Schnecken gegessen haben.

Abb. 4: Schnecken werden zum ersten Mal berührt.

Aufstellen von Hypothesen

Die Kinder stellen in dieser Auseinandersetzung mit dem Fotomaterial fest, dass eine der beiden Schnecken ausschließlich die grünen Blätter des Löwenzahns und die andere Schnecke nur die gelben Blüten gegessen hat. Die Kinder stellen davon ausgehend eine Hypothese auf: Die Nahrung könnte verantwortlich sein für die Farbe des Kots.

Überprüfen von Hypothesen

Um diese Annahme zu überprüfen, kommt ein Kind auf die Idee, ein Experiment durchzuführen: Es schlägt vor, einer Schnecke ein rotes Blatt zu füttern und abzuwarten, ob der Kot sich entsprechend verfärbt. Dies wurde getan und am nächsten Tag waren schließlich rote Würmer in der Kiste. Damit konnte die Hypothese bestätigt werden.

Es zeigt sich deutlich, dass die Fragen der Kinder über Natur- und Alltagsphänomene sehr speziell sein können. Es ist aber, wie in Kap. 3.2 ausführlich beschrieben, nicht zwingend erforderlich, dass der Frühpädagoge all die spezifischen Fragen direkt beantworten kann. Es geht bei naturwissenschaftlicher Bildung in der Kita vielmehr darum, gemeinsam mit den Kindern – ausgehend von einem echten Problem – Hypothesen aufzustellen. Zur planvollen Überprüfung dieser Hypothesen können die Kinder gemeinsam mit den Pädagogen im Internet oder in der Bücherei recherchieren, Experten befragen oder aber Dinge ausprobieren und entsprechende „Experimente“ (Kap. 5.1) durchführen.

lernmethodische Kompetenzen

Neben Erkenntnissen und Erfahrungen zu den jeweils untersuchten Problemen werden so auch lernmethodische Kompetenzen gefördert. Die Kinder lernen, unterstützt durch den Pädagogen, wie sie vorgehen können, um Probleme zu lösen beziehungsweise Antworten auf Fragen zu finden.

Durch die Interaktion der Kinder untereinander kommen weitere Fragen auf:

Interaktion mit Gleichaltrigen

- Können Schnecken auch Pipi machen?
- Pupsen Schnecken?
- Warum haben einige Schnecken ein Haus und andere nicht?
- Ist es schwer, das Haus zu tragen?
- Schwitzen die Schnecken unter dem Haus?

- Ist den Nacktschnecken ohne Haus kalt?
- Können Schnecken auch weinen?
- Was denken Schnecken und müssen die auch mal überlegen?
- Kriegen die auch Babys?

Wieder haben wir gemeinsam im Internet nachgesehen, um die Fragen beantworten zu können. Da jedoch ein paar Fragen offen bleiben, kam die Idee auf, in die Bücherei zu fahren, um Bücher über Schnecken auszuleihen. Zum Wochenende haben wir die Schnecken freigelassen.

Projektschritt 3: Handlungsorientierte Auseinandersetzung zur Problemlösung

Kinder denken ähnlich

Es zeigt sich, dass das ähnliche Denken der Kinder bei der Auseinandersetzung mit naturwissenschaftlichen Themen von Bedeutung ist. Die entstandenen Kinderfragen weisen darauf hin, dass die Kinder versucht haben, Analogien zum eigenen Leben herzustellen. Dies entspricht den anthropomorphen Vorstellungen, die, wie in Kap. 2.1.4 beschrieben, ein Kennzeichen kindlichen Denkens sind. Ein Erwachsener würde sich vermutlich nicht die Frage stellen, ob Schnecken auch weinen oder ähnliches.

Interesse und emotionales Engagement

Ebenso wenig würde man all diese Fragen in einem Projekt berücksichtigen, wenn man es ohne Einbezug der Kinder vorausplanen würde.

Perspektive der Kinder
Kinder denken anders als Erwachsene. Sie betrachten die Welt aus einer anderen Perspektive. Es ist deshalb zu bezweifeln, dass ein Projekt, in dem von Erwachsenen formulierte Ziele nach einer vorgegebenen Struktur verfolgt werden, in gleichem Maße die kindlichen Interessen trifft.

Wie geplant fahren wir gemeinsam in die Bücherei und auch interessierte Kinder aus den anderen Gruppen fahren mit: Wir haben einige Bücher gefunden und diese vier Wochen in der Gruppe behalten. In einem der ausgeliehenen Bücher haben wir gelesen, dass wir Schnecken in einem Terrarium halten können.

Erziehungs- und Bildungspartnerschaft mit Eltern

Dank der Mithilfe von Eltern konnte ein Terrarium angeschafft werden. Die Kinder füllen es mit Erde, Stöcken und Blättern (→ Abb. 5).

Abb. 5: Gestaltung eines Schneckenterrariums

Im Terrarium haben nach und nach unterschiedliche Schnecken einen Platz gefunden.

Grundwissen und Grunderfahrungen

Die Kinder konnten die Schnecken nun täglich im Terrarium beobachten. Dadurch kamen immer neue Fragen auf, die zu intensiven Auseinandersetzungen und schließlich zu unterschiedlichen Erkenntnissen geführt haben. Einige seien hier genannt:

- **Das Schneckenhaus:** Wir finden ein leeres Schneckenhaus. „Ist die Schnecke umgezogen?" Wir lesen im Buch und finden heraus, dass die Schnecke gestorben ist, denn ohne Haus kann die Schnecke nicht leben. „Was ist in dem Haus, wofür braucht sie das Haus?" Die Kinder interessieren sich für das Haus der Schnecken und beschäftigen sich damit, wie es aufgebaut ist. „Warum hat denn eine Nacktschnecke kein Haus?" Die Kinder suchen in den Büchern und im Internet nach Antworten. Sie sind überrascht, dass die Nacktschnecken doch ein

Haus haben. Sie haben eine kleine Erhöhung auf dem Rücken, diese ist aus verdickter Haut und war vor Tausenden von Jahren ein Haus. Die Schnecken haben sich weiterentwickelt, weil sie ohne Haus schneller vorankommen.

- **Unterschiedliche Schneckenarten:** Im Terrarium befinden sich Schnecken, die unterschiedlich aussehen. Die Kinder finden heraus, dass es sich um Nacktschnecken, Hainbänderschnecken und Weinbergschnecken handelt. Sie beschäftigen sich in diesem Zusammenhang auch mit den Unterschieden der Schneckenarten.

- **Fortpflanzung von Schnecken:** Die Kinder entdecken Schneckeneier im Terrarium. Sie informieren sich über die Fortpflanzung der Schnecken und beobachten die Entwicklung der Eier, bis die Schnecken nach einigen Wochen schlüpfen. Im Projektverlauf schlüpfen sowohl Weinberg- als auch Hainbuch- und Wasserschnecken und die Kinder können die jeweiligen Entwicklungen verfolgen und vergleichen.

- **Schutz vor Feinden:** Die Kinder haben einen Vergnügungspark für die Schnecken gebaut. Die Schnecken werden in diesen Vergnügungspark gesetzt und eine große Weinbergschnecke macht plötzlich Blasen. „Warum macht sie das?“ In eine Internetsuchmaschine schreiben wir: „Warum macht Schnecke Blasen?“ Als Antwort erhalten wir, dass die Schnecke große Angst hat und sich mit den Blasen vor Feinden schützt, denn viele Vögel können Schneckenhäuser mit dem Schnabel zerbrechen. Die Blasen schmecken den Vögeln überhaupt nicht und daher ist dies der beste Schutz für die Schnecken, um nicht von den Vögeln gefressen zu werden. „Aber hier ist doch jetzt kein Vogel.“ „Wovor hat die Schnecke denn Angst?“ Die Kinder entscheiden, dass es vielleicht zu laut ist. Sie legen die Schnecke zurück ins Terrarium und lassen ihr Zeit, sich auszuruhen.

- **Parasiten bei Schnecken:** Den Kindern fällt an einem Tag auf, dass die Fühler einer Schnecke ganz dick und grün sind und zucken. „Was hat die Schnecke?“ „Ist sie krank?“ „Hat sie Fieber?“ „Ist ihr schlecht?“ „Vielleicht muss sie gleich spucken?“ Wir forschen wieder im Internet und erfahren, dass die Schnecke tatsächlich krank ist. Sie wurde von Parasiten befallen und diese lassen ihre Fühler anschwellen sorgen so dafür, dass die Schnecke sich nicht mehr in ihrem Haus verstecken kann. „Was machen wir jetzt?“ „Gibt es einen Schneckenarzt?“ „Können wir sie rüber ins Krankenhaus bringen?“ Nach einem Gesprächskreis beschließen wir die Schnecke freizulassen, damit die Natur ihren Weg gehen kann.

gesellschaftliche Relevanz

Die Beispiele zeigen, dass sich die Kinder nicht nur Wissen über Schnecken und deren Leben aneignen. Sie lernen in naturwissenschaftlichen Projekten auch, dass Tiere keine Gegenstände sind und dass sie entsprechend rücksichtsvoll mit ihnen umgehen müssen. Grundsätzlich sind Erfahrungen darüber, wie wir mit der belebten und unbelebten Natur umgehen, ein wesentlicher und nicht wegzudenkender Teil früher naturwissenschaftlicher Bildung und entsprechender Projekte.

Projektschritt 4: Die Projektlösung wird an der Wirklichkeit überprüft

Basis für Reflexion

Im täglichen Morgenkreis besprechen wir, was wir schon alles über die Schnecken herausgefunden haben: Wenn Kleingruppen Antworten auf Fragen gefunden haben, werden diese im Morgenkreis den anderen Kindern erklärt.

Dokumentationsprodukte

Produkte bieten Anlass zur Reflexion: Unterschiedliche Produkte, die im Rahmen eines Projektes entstehen, machen die Erkenntnisse und Erfahrungen der Kinder kommunizierbar und bieten Anlass, das Projekt und seinen Verlauf gemeinsam zu reflektieren.

Gelegentlich wurden die Fotos des Schneckenprojektes über den Beamer gezeigt. Dadurch wiederholten die Kinder ihr Wissen, das sie bereits gewonnen, und ihre Erfahrungen, die sie gemacht haben. Außerdem erinnerten sich die Kinder gemeinsam daran, wie sie vorgegangen sind, um den einzelnen Fragen und Problemen nachzugehen.

Wanddokumentation

Regelmäßig haben wir Fotos und Wanddokumentationen an einer Projektwand ausgehängt. Das sorgte unter den Kindern für Gesprächsstoff. Oft standen die Kinder vor den Aushängen und haben den Weg verfolgt von der ersten Schnecke, die alleine im Hochbeet saß, bis zum Terrarium mit vielen unterschiedlichen Schnecken.

Die Schneckengeschichte

Die Kinder hatten sich gewundert, wie die Schnecken groß werden und wie das Schneckenhaus wächst. In Büchern haben wir gelesen, dass die Schnecken Kalk benötigen um ihr Haus zu bauen. „Was ist Kalk?" „Wie sieht er aus?" „Wo findet man ihn?" Hierfür haben wir wieder im Internet geforscht. In Kleingruppen haben sich die Kinder mit verschiedenen Themen beschäftigt und im Rahmen einer Schreibwerkstatt ihre Rechercheergebnisse in einer eigenen Schneckengeschichte verarbeitet. Das entstandene Buch wurde im Morgenkreis vorgestellt.

Interdisziplinarität

Projekte zeichnen sich grundsätzlich durch Interdisziplinarität aus. Beim Schreiben der Schneckengeschichte verarbeiten die Kinder ihr neu erlangtes naturwissenschaftliches Wissen über Schnecken. Das gemeinsame Schreiben der Geschichte ist aber ebenso dem Bildungsbereich der Sprachförderung zuzuordnen. Konkret wird hierbei die Anbahnung schriftsprachlicher Kompetenzen unterstützt. Aber nicht nur der Bildungsbereich Sprache und Sprachförderung findet sich im Projektverlauf wieder. **Schnecken waren ein Thema in nahezu allen Bereichen des Kita-Alltags:**

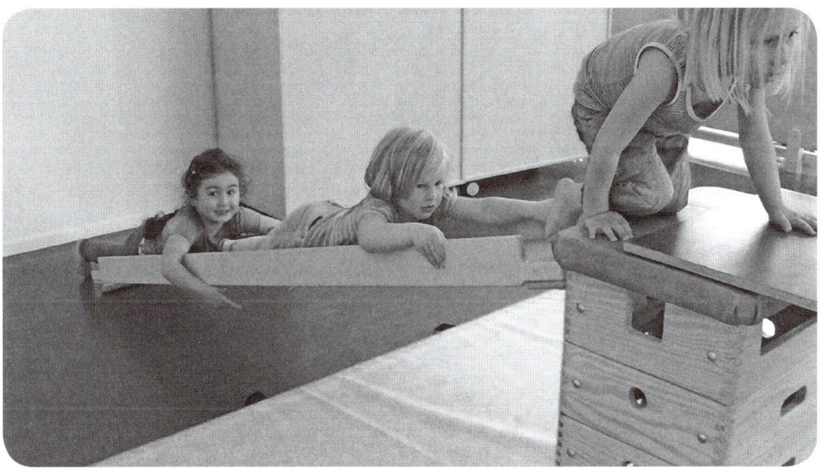

Abb. 6: Kinder beim „Schneckenturnen"

- Es fand ein Schneckenturnen statt (→ Abb. 6), bei dem die Kinder Schneckenbewegungen imitieren.
- Die Kinder kneteten Schnecken (→ Abb. 7) und bauten Vergnügungsparks für die Schnecken.

- Es wurde ein Schneckenspruch fürs Mittagessen eingeführt. „Eine kleine Schnecke saß auf einer Treppe, sang ein kleines Lied – Guten Appetit."
- Lieder und Fingerspiele über Schnecken fanden täglich ihren Platz.

INFO

Zusammenhang mit anderen Bildungsbereichen
Die Auseinandersetzung mit einem naturwissenschaftlichen Thema im Rahmen eines Projektes erfordert und fördert auch Kompetenzen anderer Bildungsbereiche.

Abb. 7: Thema Schnecken auch beim Kneten

4.4.2 Das „Turmprojekt" – Praxisbeispiel zur unbelebten Natur

Wir wollen hoch hinaus – Turmbau im Zwergennest

In der einzelintegrativen Kindertagesstätte Zwergennest der Elterninitiative Hüllhorst e. V. wurde ausgehend von den kindlichen Interessen ein Projekt zum Thema „Turmbau" durchgeführt. In Zusammenarbeit mit Frau Lankes-Dickler und Frau Kämper von der Kindertagesstätte Zwergennest ist diese Projektbeschreibung entstanden.

Projektschritt 1: Es wird von einem ernsthaften Problem ausgegangen

Interesse der Kinder

Schon früh beginnen Kinder, vertikal oder horizontal zu bauen. In späteren Jahren verfeinern sie ihre bereits erworbenen Fähigkeiten immer mehr und die Bauwerke werden höher und komplexer (→ Abb. 8).

Situationsbezug

Dass das Bauen von Türmen für Kinder unterschiedlichen Alters interessant ist, konnten die pädagogischen Fachkräfte in der Kita Zwergennest auch bei den Kindern ihrer Einrichtung über einen längeren Zeitraum beobachten. Das Thema schien also viele Kinder zu interessieren und damit einen Bezug zur aktuellen Lebenswelt zu haben.

Relevanz für die Gruppe

Außerdem konnte davon ausgegangen werden, dass sich das Thema eignet, um das Gruppengefühl der Kinder unterschiedlichen Alters durch die gemeinsame Arbeit an einem Thema zu stärken. Ausgehend von den beobachteten kindlichen Interessen wurde also beschlossen, das Thema in Form eines Projektes auszuweiten.

Abb. 8: Früh übt sich … Die Faszination für Turmbau beginnt bei den Kleinsten.

Projektschritt 2: Gemeinsam einen Plan zur Problemlösung entwickeln

Planung

Im Team haben wir über das geplante Projekt gesprochen, um alle Kollegen in das Thema einzubinden und gemeinsam zu überlegen, wie das Thema auch in den anderen Bereichen umgesetzt werden kann: Ein häufiger Austausch war notwendig um Absprachen zu treffen und Ankündigungen, zum Beispiel im Morgenkreis, vornehmen zu können. Anhand des Portfolios eines Kindes, das immer wieder Reihen und Türme gelegt und gebaut hatte, stiegen wir im Morgenkreis in das Thema ein. Wir schauten uns die Bilder gemeinsam an und der Text dazu wurde vorgelesen. Viele Kinder zeigten Interesse und berichteten von ihren eigenen Turmbauerfahrungen.

Selbstorganisation und -verwaltung

Als wir berichteten, dass das Bauzimmer in ein Turmzimmer verwandelt werden soll, brannten viele Kinder darauf, gleich ins Thema einzusteigen. Gemeinsam gingen wir ins Bauzimmer und die Kinder überlegten, welche Türme sie bauen möchten und was sie hierfür noch benötigen. „Ich baue einen Turm bis unter die Decke." „Ich möchte einen Turm, der so groß ist wie das ganze Haus." „In Amerika gibt es ganz hohe Türme, bis zu den Wolken." „Dann haben wir aber gar nicht genug Bauklötze!" Gemeinsam mit den Kindern haben wir das Bauzimmer umgestaltet. Einige Materialien wurden herausgenommen, um Platz für themenspezifische Dinge zu schaffen. Es wurden Materialien angeschafft wie: Schaumstoffklötze, farbige Steine, Poster und Bilder, Bücher. Turmbesuche und Ausflüge wurden vorbereitet und geplant.

Mit einem Aushang informierten wir die Eltern über das bevorstehende Projekt.

Die Kinder begannen schließlich, im umgestalteten Turmzimmer mit den alten und neuen Materialien Türme in allen Variationen zu bauen. Wie sich schnell durch Gespräche und Beobachtungen herauskristallisierte, lag der Fokus der Kinder hierbei zunächst auf dem Bereich der mathematischen Bildung.

Sortieren

Sie wollten messen, zählen, rechnen und sortieren. Bunte Klötze sortierten die Kinder nach Farben in dazu passende Körbchen. Daraus bauten manche Kinder am liebsten Leuchttürme und erzählten dabei, welche sie schon besucht und welche Farben und Formen diese gehabt haben. Einige Kinder brachten in den nächsten Tagen Postkarten und Urlaubsfotos von Leuchttürmen von zu Hause mit. Die jüngeren Kinder bauten eher einfarbige Türme aus den Klötzen. Dabei lernten sie nebenbei die Namen der Farben.

Formen

Die verwendeten Klötze wurden nicht nur nach Farben, sondern auch nach Formen sortiert. Die Kinder haben beispielweise gezielt nur mit Quadern, Würfeln oder Zylindern gebaut. Unser entsprechendes Aufbewahrungssystem hat ihnen dabei geholfen. Durch den ständigen Gebrauch der Formnamen, konnten sie diese schnell benennen und benutzen sie auch.

Reihen und Muster

Die Kinder haben die Klötze auch gerne dazu genutzt, Reihen und Muster zu legen. Gelber Klotz, grüner Klotz, roter Klotz, gelber Klotz, grüner Klotz, … Oder sie haben die Formen der Klötze dafür genutzt, andere Muster daraus entstehen zu lassen.

Formulieren von Fragen oder Problemen

Es stellte sich heraus, dass die Frage „Wie hoch kann ich bauen?“ die Kinder besonders beschäftigte und immer wieder aufs Neue herausforderte. Außerdem fragten sich die Kinder während des Bauens, worauf und aus welchen Materialien man Türme eigentlich bauen kann.

Wie mit diesen Fragen im weiteren Projektverlauf umgegangen wurde, wird in Projektschritt 3 erläutert.

Projektschritt 3: Handlungsorientierte Auseinandersetzung zur Problemlösung

Frage 1: Wie hoch können wir Türme bauen?

handelnde Auseinandersetzung

Die Kinder wollten also wissen, wie hoch sie bauen können: Um dies herauszufinden, haben wir die Türme entweder mit einem Maßband oder mit Wollfäden gemessen. Für die Kinder war es eine Herausforderung, immer wieder zu versuchen, ihre eigene Bestmarke zu verbessern.

Soziales Lernen

Es war interessant, zu sehen, wie die Kinder sich gegenseitig geholfen haben, immer höher zu bauen. Sie holten sich gegenseitig Hilfsmittel oder gaben sich Tipps, wie sie doch noch ein Stückchen höher kommen könnten (→ Abb. 9).

Jedes Kind, das mochte, hatte ein Plakat, auf dem es seine Fäden zusammen mit der Größe vermerken und aufkleben konnte. Tagelang klebten die Kinder immer neue Fäden auf und waren stolz auf ihre Sammlung. Mit der Zeit fanden die Kinder für sich heraus, wie ihr Turm am stabilsten wird. Ein vierjähriger Junge sagte: „Wenn ich die Quader immer abwechselnd lege, hält der Turm besser." Und so schafften die Kinder im gegenseitigen Austausch immer neue Rekorde. Das Ablesen der Zahlen auf dem Maßband und das eigene Aufschreiben auf dem Plakat, waren für die Kinder immer wieder spannend. „Ich habe 74 ... Wie heißt das nochmal?" Zentimeter und Meter und Millimeter sind gar nicht so einfach auseinanderzuhalten. „Wie viele Klötze kann ich übereinanderstapeln?" war eine andere Frage. Um dies leichter sehen zu können, haben die Kinder sie beschriftet. Nun konnten sie gleich erkennen, wie viele Klötze sie benutzt hatten.

Abb. 9: Beratung beim Turmbau

Frage 2: Auf welchen Untergründen und mit welchen Materialien können wir Türme bauen?

Hypothesen

Die Frage, auf welchen Untergründen und womit man Türme bauen kann, wurde an einem Tag während des Bauens im Turmzimmer von den Kindern intensiv diskutiert: Es wurden unterschiedliche Hypothesen aufgestellt und abgewogen. Eine begleitende Frühpädagogin hat die entstandene Diskussion aufgegriffen und gemeinsam mit den Kindern beschlossen, die unterschiedlichen Bauweisen mit verschiedenen Untergründen und Materialien auszuprobieren.

Gemeinsam mit den Kindern wurde daraufhin eine Liste erstellt, auf der wir festgehalten haben, welche Materialien wir brauchen, um auf Wasser, auf Sand, auf schrägen Ebenen, auf drehenden Ebenen oder auf Styropor zu bauen. Motiviert haben die Kinder ihre Eltern in die Beschaffung der Materialien einbezogen, sodass wir schnell auf neuen Ebenen weiterbauen konnten.

Hypothesenprüfung

Abb. 10: Erneute Durchführung des Turmbaus auf Wasser

Spannend war es, auf der Drehscheibe zu bauen. Beim Übereinandersetzen der Bauklötze drehte sich die Drehscheibe jedes Mal und es war dadurch gar nicht so einfach, so zu bauen, dass der Turm stabil genug wurde, um stehen zu bleiben. Die Kinder gaben der Drehscheibe noch etwas Schwung, sodass die Bauklötze herunterfielen. „Guck mal, wenn ich schnell drehe, fliegen die Klötze zu allen Seiten."

Bauen auf der Drehscheibe

Wir haben die Kinder mit Fragen wie: „Hast du beobachtet, wie schnell sich die Scheibe gedreht hat?" oder: „Was glaubst du, wie oft sich die Drehscheibe dreht, bis die Steine herunterfallen?" oder: „Kannst du eine Methode finden, mit der die Steine auf dem Karussell bleiben?" begleitet. Die Kinder haben so immer neue Techniken ausprobiert und es dabei sogar geschafft, einen Turm bis unter die Decke zu bauen.

Frühpädagoge als Assistent der Kinder

Beim Bauen auf Wasser kam es zu ähnlichen Schwierigkeiten (→ Abb. 10). Gemeinsam probierten wir viele Methoden und Materialien aus und überlegten, woran es liegen könnte, dass der Turm auf dem Wasser immer wieder umkippt. Bis ein Kind bemerkte: „Wenn das Wasser im Becher bleibt, bleibt er unter Wasser stehen und dann muss ich immer einen vollen Wasserbecher darüber stellen."

Bauen auf Wasser

Bauen auf Sand Die Kinder holten sich Bauklötze aus dem Bauzimmer und bauten in der Sandwanne im Atelier. Dabei brachen die Bauwerke immer wieder in sich zusammen. „Du musst die unteren Bauklötze richtig mit Sand festmachen." Aber auch das hielt nicht so richtig.

Bauen mit Kartons Im Rollenspielbereich – der Kinderwohnung – wurden begehbare Türme aus Kartons gebaut in denen dann Könige, Drachen oder die Feuerwehr wohnten. Außerdem wuchsen auch die jüngeren Kinder beim Turmbau mit Kartons im Turmzimmer über sich hinaus.

Bauen mit Sand Der Sandkasten im Garten wurde manchmal in eine ganze Turmlandschaft verwandelt (→ Abb. 11). Dabei holten sich die Kinder zum Teil Bilder von Türmen mit nach draußen und bauten sie möglichst genau im Sand nach. Es gab Türme mit Tunneln, Türme mit Wassergraben, Türme mit unterschiedlichen Ebenen. Hier war der Turmbau überwiegend eine Gemeinschaftsproduktion. Die Kinder holten sich die unterschiedlichsten Gegenstände zur Hilfe, sie lösten gemeinsam Probleme, wenn z. B. das Wasser den Turm wieder zum Einstürzen brachte, jeder brachte seine Erfahrungen und sein Wissen mit ein.

Abb. 11: Gemeinsamer Turmbau im Sandkasten

Gruppendynamik

Irgendwann kam ein Kind auf die Idee, unter der Erde zu bauen. „Wir sind schon mal durch einen ganz langen Tunnel gefahren, und der war ganz mit Erde bedeckt.“ Die anderen Kinder beobachteten erst zögerlich das Bauen des Kindes, doch schnell entstanden viele Höhlenbauten. Das Kind erklärte den anderen Kindern hierbei, wie es beim Bauen unter Sand vorgegangen ist.

Impulse

Immer neue Impulse führten dazu, dass das Projekt sich zeitlich ausdehnte und das Interesse der Kinder bestehen blieb.

Ausflug

Ein solcher Impuls und zugleich ein Höhepunkt des Projektes war der Besuch im Museum MARTA in Herford. Hier konnten wir uns die Ausstellung „Nullpunkt“ ansehen, und die Kinder entdeckten staunend, was andere Designer, Künstler und Architekten entwerfen. Danach durften die Kinder wieder kreativ werden und Türme aus Schachteln bauen. Besonders berühmte Bauwerke standen immer wieder im Vordergrund und boten den Kindern Impulse für ihre eigenen Bauwerke und für vertiefende Fragen. Nach einer Reflexionsphase bemerkten einige Kinder beispielweise, dass sie noch mehr über den schiefen Turm von Pisa erfahren möchten. Ein sechsjähriger Junge fragte: „Warum ist der Turm so schief und bleibt trotzdem stehen?“ Daraufhin haben wir uns den Turm genauer angesehen. Eine Frühpädagogin, die schon einmal beim schiefen Turm von Pisa gewesen war, brachte Bilder mit. Wir holten außerdem Informationen aus dem Internet und haben versucht, den schiefen Turm nachzubauen (→ Abb. 12).

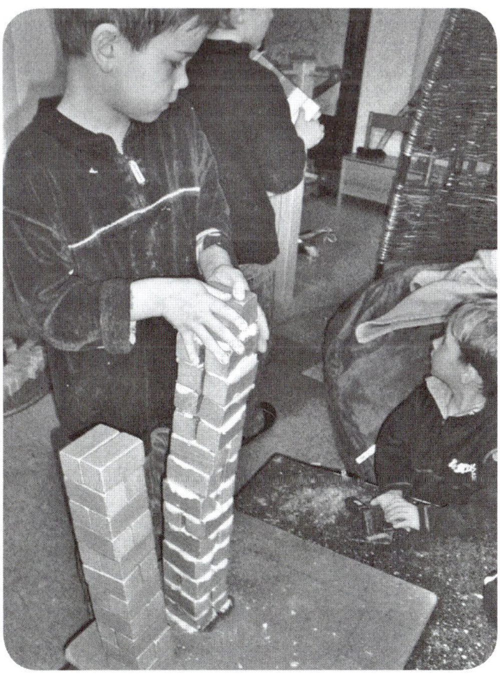

Abb. 12: Nachbau des schiefen Turms von Pisa

Strom

Auch das Empire State Building war immer wieder von Interesse bei den

Kindern. Ein Kind hatte ein Bild vom beleuchteten Empire State Building gesehen und wollte das genauso nachbauen. Ein weiterer Junge war gleich begeistert von der Idee, und gemeinsam überlegten die zwei, was sie für den Turmbau brauchen. „Aber wie bekommen wir das Licht in unseren Turm?“ „Dafür brauchen wir Strom!“ „Habt ihr eine Idee, wie aus dem Strom dann Licht wird?“ „Von meinem Papa weiß ich, dass wir dafür Stromkabel, eine Glühbirne und Strom brauchen.“ Also sind wir gemeinsam einkaufen gegangen. Nach einigen kniffligen Versuchen und ein paar zerbrochenen Glühbirnen haben es die Kinder mit Unterstützung einer pädagogischen Fachkraft geschafft, einen Stromkreislauf herzustellen und die Glühbirne zum Leuchten zu bringen.

Projektschritt 4: Die Projektlösung wird an der Wirklichkeit überprüft

Dokumentation

Irgendwann hatten wir so viele tolle Entwürfe, dass wir es schade fanden, sie immer wieder abbauen zu müssen. Da wir nicht von allen ein Foto machen konnten, hatten die Kinder die Idee, ein Architektenbuch anzulegen: „Meine Mama hat bei ihrer Arbeit ein Architektenbuch!“ Hier konnten wir jetzt die Entwürfe bildlich und schriftlich festhalten. Angestrengt haben die Kinder ihre Türme abgezeichnet, immer wieder verglichen, damit er ja genauso aussah wie in echt. Die älteren Kinder halfen den jüngeren Kindern bei ihren Zeichnungen und gaben Anregungen, wie ein Turm gezeichnet werden kann. Die Kinder gaben den Türmen Namen, die teilweise in der Fantasie entstanden sind oder die die Kinder schon einmal gehört hatten. „Empadaklinkerpedding“ oder „Superdupaschwupdiwupplahulahuplaturm“, „Empire State Building“ oder „der „gerade“ Turm von Pisa“. Mit Hilfe von Anlauttabellen haben die älteren Kinder die Namen der Türme sowie die gemessenen Höhen schriftlich festgehalten.

Präsentation

Stolz haben die Kinder ihre Entwürfe ihren Eltern und anderen Kinder gezeigt und ihre Bauwerke genau erklärt.

Verknüpfung mit anderen Bildungsbereichen

Das Bauen von Türmen beschränkte sich nicht auf das Turmzimmer. Schnell schwappte das Turmfieber auch auf die anderen Bereiche der Kita über: Im Atelier malten die Kinder zum Beispiel großflächig Türme in den buntesten Farben. Dabei erzählten sie immer wieder, wie sie ihre Türme im Bauzimmer gebaut haben. „Als ich die Türme in Italien gebaut habe, wusste ich noch ganz genau, wie die in echt aussehen." „Erst ist mein Turm immer umgefallen, aber dann habe ich zwei Klötze gleichzeitig auf beide Seiten gestellt, dann ist er stehen geblieben."

Hier wird deutlich, dass die Kinder ihr Erlebtes gestalterisch darstellen und sich hierbei nochmals intensiv mit ihren Erfahrungen beschäftigen und diese mit anderen Kindern austauschen. Auf den Aspekt des gestalterischen Umgangs oder des „Nachsinnens" wird ausführlicher ebenfalls in Kap. 5 im Zusammenhang mit Räumen eingegangen

Während des eifrigen Bauens der Kinder haben wir gemeinsam viele unterschiedliche Turmworte gesammelt und auf großen Plakaten festgehalten: Sternturm, Turmspitze, Tierturm, Brunnenturm, Leuchtturm, Kreuzturm, schiefer Turm, Tannenbaumturm, Hochhausturm, Blumenturm und viele spannende Worte mehr. Diese Turmworte waren für die Kinder wieder Herausforderungen, neue Varianten zu bauen.

Sprache

Das Turm-Projekt bot damit unter anderem Anlass zum spielerischen und kreativen Umgang mit Sprache. Sprache wird hier also nicht ausschließlich in Bezug auf Wortschatzerweiterung gefördert, da Kinder beispielsweise die Bezeichnungen für Farben und Formen kennenlernen. Auch die Bedeutung der Sprache als ästhetisches Element kommt zum Tragen.

Im beschriebenen Projektbeispiel haben die Kinder sich durch das Bauen und Konstruieren unter anderem handelnd mit der Schwerkraft auseinandergesetzt und im Laufe des Projektes zudem sinnliche Erfahrungen mit unterschiedlichsten Materialien gemacht (→ Abb. 13, 14). Solch basale Erfahrungen mit der materiellen Umgebung und das Kennenlernen der Beschaffenheit unterschiedlicher Substanzen sind dem Bereich der naturwissenschaftlichen Bildung zuzuordnen.

Jedoch ist das Turmprojekt nicht ausschließlich dem Bereich naturwissenschaftliche Bildung zuzuordnen. Einige der Aktivitäten im Rahmen des beschriebenen Turm-Projektes sind z. B. im mathematischen oder auch im sprachlichen Bereich angesiedelt. Es wird anhand dieses Beispiels damit besonders deutlich, dass sich die Bildungsbereiche in der Frühpädagogik und hier insbesondere in der Projektarbeit nicht isoliert betrachten lassen. Oftmals handelt es sich um Projektthemen, die aus dem Interesse der Kinder entstehen und aus unterschiedlichen Perspektiven zu betrachten sind.

Das Projektthema bietet damit Impulse für verschiedenste kindliche Aktivitäten und eröffnet den pädagogischen Fachkräften entsprechend Möglichkeiten, das Thema aufgrund des entfachten Interesses als Zugang für weitere Bildungsbereiche zu begreifen und zu nutzen.

1 Wie definieren die Autorinnen naturwissenschaftliche Projekte?

2 Beziehen Sie ausgehend vom Text Position zum Stellenwert angeleiteter Experimente im vorschulischen Bereich.

3 Beschreiben Sie den Zusammenhang von Experimenten und Projekten! Beziehen Sie hier auch die Praxisbeispiele ein.

Abb. 13: Bauen mit schmalen Bausteinen

Abb. 14: Bauen mit unterschiedlichen Bausteinen

4 Nennen Sie Projektschritte und deren Merkmale nach Gudjons.

5 Wie können Projekte im Kitaalltag entstehen und entwickelt werden?

6 Welche Rolle kommt Frühpädagogen im Zusammenhang mit Projekten zu?

7 Welche Bedeutung hat die Kindergruppe bei naturwissenschaftlichen Projekten?

8 Welche Bedeutung haben Projekte für ganzheitliches und bereichsübergreifendes Lernen?

Lösungen zu den Lernfragen gibt es unter www.reinhardt-verlag.de.

5 Räume und ihre Bedeutung für frühe naturwissenschaftliche Bildung

Neben der Interaktion mit Erwachsenen und anderen Kindern sind Bildungsprozesse abhängig von der materiellen Umgebung eines Kindes. Diese sollte deshalb vielfältige Möglichkeiten für unterschiedliche basale Erfahrungen mit allen Sinnen bieten, zur aktiven Auseinandersetzung mit der Welt einladen und zu verschiedensten Tätigkeiten herausfordern, die dazu führen, dass Kinder Zusammenhänge hinterfragen und erkennen können.
Es stellt sich folglich die Frage, was dies für die konkrete Raumgestaltung im Bereich der frühen naturwissenschaftlichen Bildung bedeutet. Forscherecken und Lernwerkstätten sollen Kindern die Möglichkeit bieten, Ihre Interessen zu finden und diesen auch mit allen hierfür notwendigen Materialien und in einer adäquaten Atmosphäre nachgehen zu können. Eine naturnahe Gestaltung des Außengeländes fordert Kinder zum Erkunden und Erforschen der Natur und ihrer Phänomene heraus, wobei Kinder Erfahrungen mit unterschiedlichen Materialien – wie Wasser, Schlamm, Erde, Sand u.v.m. – machen können. Zudem sind Orte wichtig, an denen die Kinder gestalterisch tätig werden können, um dem Erlebten „nach-zu-spüren“ und „nach-zu-sinnen“. Als innovatives Beispiel zur

Raumgestaltung wird der Forscherwagen des element-i Kinderhauses Bärcheninsel in Stuttgart beschrieben.

> *„Die Kita nimmt Einfluss auf die Selbstbildungsprozesse von Kindern, indem sie ihnen Räume und Materialien zu Verfügung stellt" (von der Beeck et al. 2006, 7).*

Funktionsbereiche

Damit Kinder in Kindertageseinrichtungen die Möglichkeit haben, ihre unterschiedlichen Interessen zu finden und diesen nachzugehen, ist es sinnvoll, dass Räume eine bestimmte Ordnung haben und entsprechend gegliedert sind. Wenn sich ein Kind beispielsweise mit Magnetismus beschäftigen und konzentriert mit entsprechenden Materialien experimentieren möchte, so ist es sinnvoll, dass dieses Kind hierfür einen Ort findet, der diese Tätigkeit ermöglicht, ohne von Kindern, die zur gleichen Zeit musizieren wollen, gestört zu werden. Das Prinzip der Funktionsräume oder -bereiche ist hierfür geeignet und wird längst nicht mehr nur in Einrichtungen mit offenen Bildungskonzepten umgesetzt. Auch in Einrichtungen, die in Gruppen arbeiten, werden häufig Bildungsinseln eingerichtet, die gruppenübergreifend von allen Kindern genutzt werden können und zu bestimmten Tätigkeiten einladen und herausfordern (Laewen / Andres 2010, 116).

Zur Unterstützung naturwissenschaftlicher Bildungsprozesse sollte sich eine Kindertageseinrichtung in Bezug auf die Raumgestaltung folgende Fragen stellen:

- *„Gibt es mindestens einen Bereich der besonders zum forschenden Umgang mit Sachen auffordert (beobachten, messen, experimentieren)? Ist dieser Bereich in sich nach bestimmten Schwerpunkten untergliedert? Werden ausgerichtet an den Themen der Kinder über die Zeit wechselnde Forschungsschwerpunkte unterstützt? […]*
- *Wird den Kindern durch die Raumaufteilung und die Anordnung des Mobiliars in klar abgegrenzte Bereiche ermöglicht, in kleinen Gruppen binnendifferenziert an ihren jeweiligen Themen zu arbeiten?" (Laewen / Andres 2010, 116f.)*

Orte der Ruhe und des „Nachspürens"

Kinder bilden sich nicht ausschließlich offensichtlich und in Auseinandersetzung mit Dingen. Bildungsprozesse haben auch Phasen, in denen Kinder das Erlebte und ihre neu gewonnenen Erfahrungen verarbeiten. Es ist deshalb darauf zu achten, dass Kinder auch Rückzugsmöglichkeiten haben, die es ihnen ermöglichen, den Dingen ungestört und in aller Ruhe „nachzuspüren“ (Laewen / Andres 2010, 117).

Es stellt sich hier die Frage, ob es in der Einrichtung Orte gibt, an denen Kinder gestalterisch tätig werden können. Hierzu zählen beispielweise Bereiche, die künstlerische sowie auch konstruierende Tätigkeiten ermöglichen.

Orte des gestalterischen Umgangs und des „Nachsinnens“

Neben Orten, die Kindern die Möglichkeit bieten, sich mit naturwissenschaftlichen Phänomenen direkt auseinanderzusetzen, und Orten, in denen sie Erfahrungen in Ruhe verarbeiten können, sind für naturwissenschaftliche Bildungsprozesse ebenso Orte bedeutsam, die es Kindern ermöglichen, ihre Erfahrungen gestalterisch darzustellen (Schäfer 2009, 22) und dadurch für sich nachvollziehbar und in eigener Art und Weise greifbar zu machen.

„Das Gestalten ist beim Kind eine Form des ***Über-Etwas-Nachdenkens****. Es stellt eine Art Verbindungsglied zwischen dem Erlebten und dem Nachdenken über das Erlebte dar. Gleichzeitig ist das Gestalten ein Medium durch das Kinder ihre Vorstellungen, Gedanken und Gefühle ausdrücken können, und ist so für uns Erwachsene ein Zugang, um die Gedanken- und Gefühlswelt der Kinder kennenzulernen“ (Alemzadeh / Rosenfelder 2009, 14).*

5.1 Innenräume – Forscherecken und Lernwerkstätten

Spätestens nachdem naturwissenschaftliche Bildung ebenso wie Mathematik und Sprache mit Erscheinen der elementarpädagogischen Bildungs- und Orientierungspläne zu einem festen Bildungsbereich in Kindertageseinrichtungen wurde, haben viele Einrichtungen entsprechende Funktionsbereiche eingerichtet. Häufig wurden Forscherecken oder -räume geschaffen, um den Kindern Raum und Material für naturwissenschaftliche Erfahrungen zu ermöglichen.

Damit diese Bereiche von Pädagogen und Kindern gerne und häufig genutzt werden, sollten sie entsprechend gestaltet sein:

„Folgende Maßnahmen begünstigen ein gutes Forschermilieu:

- *Forscherecken befinden sich in ruhigen Zonen des Kindergartens, damit ein möglichst ungestörtes Forschen gewährleistet ist.*

- *Die Präsentation der Materialien für die Kinder ist von großer Bedeutung. Sie erleichtert den Kindern den Zugang, gibt Impulse und regt zum Forschen an. Die Materialien sollen in Sichthöhe der Kinder platziert werden, damit sie sich einen guten Überblick über die Forscherecken verschaffen können.*

- *Forscherecken können je nach den räumlichen Möglichkeiten Teilbereich eines Raumes sein, fest installiert oder auf einen Wagen aufgebaut werden.*

- *Forscherecken weiten sich manchmal im Laufe der Zeit zu einem Forscherraum aus, der eine größere Vielfalt bietet" (Schlag 2008, 24).*

Neben oder anstelle von Forscherecken verfügen einige Einrichtungen auch über sogenannte Lernwerkstätten.

Definition Lernwerkstatt

*„Die **eine** Definition von Lernwerkstatt kann es nicht geben, aber grundsätzlich gilt, dass Lernwerkstätten Orte sind, an denen das Lernen gelernt werden kann. Kinder können dort:*

- *Fragen haben und an ihrer Beantwortung arbeiten,*

- *selbstbestimmt und ungestört arbeiten, mit „Kopf, Herz und Hand" lernen,*

- *eigene Lernwege gehen" (van Dieken 2004, 40).*

Eine Lernwerkstatt kann sich sowohl in separaten Räumen einer Kita befinden als auch Prinzip der gesamten Einrichtung sein. Sie besteht aus unterschiedlichen Bildungsbereichen. Neben Rechen-, Lese- und Schreibecken kann es ebenso naturwissenschaftliche Ecken oder Bereiche in einer Lernwerkstatt geben. In einer vorbereiteten Umgebung finden die Kinder strukturierte wie auch eher „offene" – das heißt variabel einsetzbare – Arbeitsmaterialien. Das Arbeitsmaterial können die Kinder frei wählen und der Frühpädagoge sollte die Tätigkeit der Kinder möglichst wenig steuern (van Dieken 2004, 37).

Eine Werkstatt ist grundsätzlich ein Ort kreativen Arbeitens und der sinnvollen Tätigkeit und zeichnet sich durch eine entsprechende Atmosphäre aus. Es geht darum, Neues zu entdecken oder entstehen zu lassen, Dinge zu entwickeln oder zu reparieren. Bereits Comenius verwendete den

Begriff der Werkstatt im Kontext von Schule. Damit wollte er zum Ausdruck bringen, dass es um die Entwicklung der Gemüter und des Geistes der Schüler geht. Dies kann man ebenso auf den Bereich der Elementarpädagogik übertragen (van Dieken 2004, 20 ff.).

„Aspekte von Werkstattarbeit sind:

- *Sinnvolles Tun – Sinnvolle Mühen – Sinnvolle Ergebnisse*
- *Einen Werkstoff bearbeiten*
- *Arbeiten mit dem Kopf, mit dem Herzen und den Händen*
- *Kunstfertigkeit entwickeln*
- *Lernen mit allen Sinnen*
- *Experimentieren*
- *Die Gesamtheit eines Arbeitsprozesses erleben: Ideen entwickeln, planen, entwerfen, Ideen umsetzen und präsentieren*
- *Über Arbeits- und Lernwege mitbestimmen*
- *Zukünftiges Vorausdenken" (van Dieken 2004, 22 f.)*

Lernwerkstattansatz mehr als Raumkonzept

Der Ansatz der Lernwerkstatt geht über den der Forscherecken und -räume hinaus, indem er nicht nur Aussagen über die Gestaltung der materiellen Umgebung enthält, sondern es darüber hinaus auch um die Art und Weise des Lernens und Arbeitens der Kinder sowie um die erwartete Haltung der Pädagogen geht. Die Kinder sollen mit allen Sinnen entdeckend lernen und dabei ganze Arbeitsprozesse von der Planung über die Umsetzung bis zur Präsentation erleben. Der Pädagoge soll eine non-direktive Haltung einnehmen und den Kindern ermöglichen, über die Arbeits- und Lernwege mitzubestimmen.

pädagogische Haltung

Der Lernwerkstatt-Ansatz ist also nicht ausschließlich ein Raumkonzept, das vorgibt, wie die räumliche Umgebung gestaltet sein sollte, sondern er zeichnet sich dadurch aus, dass er zudem mit einer bestimmten pädagogischen Haltung verbunden ist, die dem Bildungsverständnis dieses Werkes entspricht.

5.2 Außenräume

Um sich ein Bild von der Welt und von sich selbst machen zu können, ist es wichtig, dass Kinder möglichst viele unterschiedliche sinnliche Erfahrungen machen können.

> *„Im Bildungsbereich Naturwissenschaften bedeutet dies, dass die Kinder zunächst eine vielfältig gestaltete Naturumgebung konkret erleben müssen, um in diesem Bereich weiterführende Überlegungen und Fragestellungen anstellen zu können"* (Alemzadeh/Rosenfelder 2009, 11).

Entsprechend ist das Außengelände oder der Garten einer Kita und dessen Gestaltung mindestens so bedeutsam wie die Ausstattung der Innenräume.

Raum für sinnliche Erfahrungen

Spielgeräte in den Außenanlagen von Kitas sind häufig in der Art gestaltet, dass sie eine klassische Nutzung vorsehen. Hierunter fallen Schaukeln, Rutschen und Wippen. Diese Spielgeräte haben durchaus ihre Berechtigung, da sie Kindern vertraut sind und bestimmte Bewegungs- und Körpererfahrungen ermöglichen. Häufig nutzen Kinder klassische Spielgeräte aber auch anderweitig und quasi „zweckentfremdet" (→ Abb. 15).

Abb. 15: Die Rutsche wird umfunktioniert.

Ein Außengelände kann ergänzend zu den klassischen Spielgeräten außerdem weiteren Raum für sinnliche Erfahrungen bieten und Bildungsprozesse im Bildungsbereich Naturwissenschaften anstoßen (Agde et al. 2008, 92).

naturnahes Gelände

Ein naturnahes Gelände besteht in der Regel nicht aus einer ebenen Fläche, wie sie durch den Bau eines Kita-Gebäudes oft entstanden ist. Es sollte Mulden, Hügel oder Kuppen geben, die unterschiedliche Bewegungsanlässe bieten (Rosenfelder 2009, 72). Ein naturnahes Gelände zeichnet sich durch Abwechslungsreichtum und Unübersichtlichkeit aus. Insbesondere die Unübersichtlichkeit mag im Zusammenhang mit einer Kindertageseinrichtung zunächst überraschen, da der Wunsch nach Sicherheit und damit auch nach Einsehbarkeit des Geländes hier häufig im Vordergrund steht.

unbeobachtetes Spiel

Allerdings ist es bei allen Bestrebungen nach Sicherheit dennoch wichtig, dass Kinder auch Phasen des unbeobachteten Spiels erleben können. Es ist zu bedenken, dass Kinder auch im Elternhaus nicht unter ständiger Beobachtung stehen und alleine im Garten oder Kinderzimmer spielen dürfen. Gerade die Möglichkeit, nicht unter der ständigen Beobachtung von Eltern und Pädagogen spielen zu können, ist nach Forschungsergebnissen ein wesentliches Merkmal, das Spielen in der Natur für Kinder attraktiv macht (Gebhard 2009, 78).

Bereiche für die Fantasie

Wichtig sind bei der Planung und Gestaltung eines Außengeländes vor allem Bereiche, die die Fantasie der Kinder anregen und keine bestimmte Funktion haben. Vor allem naturnahe Gelände verfügen häufig über solche Bereiche und Merkmale, die zu fantasievollem Spiel einladen. Zu nennen sind hier zum Beispiel Hecken, Büsche und Bäume, hinter denen sich Kinder verstecken können, in denen sie kleine Hütten bauen und eine Fantasiewelt entstehen lassen können. Ebenso kann ein Matsch- oder Erdhügel durch die Fantasie der Kinder zu einem Berg werden, den es zu besteigen gilt oder eine Piste, die man mit unterschiedlichen Gerätschaften hinabfährt. Selbstverständlich wird jedes Spiel der Kinder beflügelt durch Fantasie und auch die Rutschbahn kann zum Berg oder zum Piratenschiff werden (Agde et al. 2008, 92).

Spielen in naturnahen Geländen frei von Beurteilungen

Kinder können in naturnahen Geländen also fantasievoll und gestalterisch tätig werden. Mehr noch: Sie können sich außerhalb eines Beurteilungsschemas als Teil des schöpferischen Zusammenhangs erleben.

Mehr dazu finden sich in Weber, A. (2012): Mehr Matsch! Kinder brauchen Natur. Ullstein Buchverlage GmbH, Berlin

Die Bedeutung des Unvollkommenen

„Eher sind es aber die einfachen, die unvollkommenen, die unfertigen Dinge, die zum Erobern und Verändern einladen“ (Agde et al. 2008, 92).

Diese unfertigen und undefinierten Bereiche in einem Außengelände laden Kinder ein, sie nach ihrer Fantasie und ihrem aktuellen Bedürfnis zu gestalten und zu nutzen. Entsprechend sind unterschiedliche und vielseitige sinnliche Erfahrungen möglich und Kinder finden immer neue Impulse im selben Gelände, um sich forschend und entdeckend mit der Natur und der sie umgebenden Welt auseinanderzusetzen.

Büsche und Bäume sind jedoch nicht nur wichtig zur Anregung der Fantasie. Sie beheimaten auch ganz unterschiedliche Insekten und Tiere und bieten noch dazu wichtige Rückzugsmöglichkeiten für Ruhe- und Denkphasen sowie für unbeobachtetes und konzentriertes Spielen und Arbeiten. Ein völlig einsehbares Außengelände ist dem forschenden Lernen der Kinder deshalb nicht zuträglich (Agde et al. 2008, 92).

Ruhe- und Rückzugsbereiche

5.3 Werkzeuge und Materialien

> *„Was mich in Worten gelehrt wurde, kann ich mit einiger Anstrengung vergessen. Aber ich könnte nie vergessen, was mich die Dinge gelehrt haben" (Pier Paolo Pasolini zit. nach Elschenbroich 2010).*

Neben der architektonischen und atmosphärischen Gestaltung der Innen- und Außenräume einer Kindertageseinrichtung sind auch die darin befindlichen Materialien zu beachten.
Um Kindern in einer Kindertageseinrichtung vielseitige Möglichkeiten zu bieten, ausgehend von ihren Interessen Erfahrungen im naturwissenschaftlichen Bereich zu machen, die Bildungsprozesse nach sich ziehen, ist es erforderlich, bewusst geeignete Materialien auszuwählen und zur Verfügung zu stellen.

> *„Ob sich jedes Kind in Ihrer Kindertageseinrichtung – seinen Fähigkeiten entsprechend – selbst bilden kann und seine Phantasien und Ideen, die Emotionen, die es mit einem Sachverhalt oder einem Gegenstand verbindet, umsetzen kann, ist auch abhängig davon, ob es aus einer Vielfalt von vorhandenem Material, Spielzeug und Gegenständen die Dinge auswählen kann, die nach seinem Empfinden am besten geeignet sind, seinen Vorstellungen Ausdruck zu verleihen und ob die Materialien und Dinge dem Kind die Möglichkeit bieten, komplexe Erfahrungen zu sammeln und Beschaffenheiten und Zusammenhänge zu erkunden" (Laewen/Andres 2010, 120).*

Es wird deutlich, dass sowohl die Vielseitigkeit wie auch die Komplexität der Materialien eine Rolle spielen. Die Kinder sollten entsprechend Materialien finden, die einerseits zum Erforschen einladen und die Kinder außerdem beim Erkunden der Welt unterstützen.

Vielseitigkeit und Komplexität

Alltagsmaterialien

Es ist für den Bereich der naturwissenschaftlichen Bildung, entgegen häufig herrschender Vorstellungen, jedoch nicht entscheidend, bestimmte Materialien und Werkzeuge bereitzustellen, die diesem Bildungsbereich oftmals zugeschrieben werden. Hierzu zählen Reagenzgläser, Experimentiersets oder -kästen oder ähnliches. Kinder können durchaus auch mit alltäglichen Materialien auf Erkundungsreise in und außerhalb der Kita gehen. Häufig sind Gegenstände des Alltags (→ Abb. 16), wie Messbecher, Eimer, Kochlöffel oder ähnliches, sogar besser zu handhaben, da sie den Kindern vertrauter sind (Schäfer 2009, 82 f.).

Abb. 16: Kinder verwenden Alltagsmaterialien für Experimente mit Gras und Wasser.

In jedem Fall ist es nicht sinnvoll, eine Liste konkreter Materialien vorzugeben, die den Eindruck erweckt, dass naturwissenschaftliche Bildung in der Kita rein von dem Vorhandensein eben dieser Materialien abhängt. Entsprechend wird auf solche Vorgaben und Aufzählungen verzichtet. Es soll dennoch beispielhaft auf einige Materialien eingegangen werden, die Kinder in ihren naturwissenschaftlichen Bildungsprozessen unterstützen. Wir unterscheiden hier jedoch zwischen Werkzeugen, die das kindliche Handeln unterstützen und Materialien, die zum Forschen und Experimentieren einladen.

Werkzeuge

Kinder probieren in den ersten Lebensjahren ihre belebte und unbelebte materielle Umgebung aus und machen wesentliche Erfahrungen, die zu einem Verständnis über die Welt beitragen. Zu diesem erkundenden Ausprobieren verwenden sie nicht nur den eigenen Körper. Sie nutzen auch verfügbare Gegenstände, um weitere Erkundungen durchzuführen und den Dingen buchstäblich auf den Grund zu gehen.

> *„Alle handhabbaren Gegenstände können zu Werkzeugen werden. Sie geben dabei ihre Qualitäten, Eigenschaften und Handlungsmöglichkeiten genauso preis wie der Kochtopf, dem mit ihrer Hilfe alle möglichen Klänge und Geräusche mehr oder weniger „musikalisch" entlockt werden und der dabei gleichzeitig in vielen weiteren physikalischen Eigenschaften erkennbar wird" (Schäfer 2009, 82).*

Offenheit und Vielseitigkeit

Werkzeuge sollten sich dadurch auszeichnen, dass sie durch ihre Offenheit einen vielseitigen Umgang ermöglichen, um die Umwelt zu untersuchen. Eimer, Gläser, Messbecher, Schüsseln, Flaschen oder ähnliche Gefäße in unterschiedlichen Größen und Formen können dazu verwendet werden, Flüssiges sowie Festes zu sammeln und zu transportieren oder Dinge zu ordnen. Außerdem können verschiedene Materialien in solchen Behältern gemischt und die entsprechenden Effekte in Bezug auf die sich verändernde Konsistenz erlebt werden. Trichter und Schläuche eignen sich ebenso für den experimentellen Umgang der Kinder mit Materialien, wie Kochlöffel oder Schneebesen und ähnliches.

genaue Betrachtung durch Vergrößerung

Lupen oder Lupengläser ermöglichen es den Kindern, sich die Dinge genau anzusehen. Wie sieht beispielsweise ein Käfer oder ein Blatt aus, wenn man ihn oder es entsprechend vergrößert betrachtet.

Perspektivwechsel

Ebenso sind aber auch Ferngläser sinnvoll, die Kinder bei Ausflügen oder im Außengelände einsetzen können, um einen Eindruck von unterschiedlichen Perspektiven zu bekommen (Alemzadeh / Rosenfelder 2009, 12).

Mikroskope

Neben Lupen und Ferngläsern sind auch Mikroskope geeignet, um eine andere Perspektive zu erreichen und Dinge zu vergrößern. Allerdings muss hier eine Einführung stattfinden und es ist fraglich, ob Mikroskope für den uneingeschränkten Einsatz im vorschulischen Bereich geeignet sind. Falls man sich hierfür entscheidet, so ist es sinnvoll, vorgefertigte Objekte anzuschaffen, da gerade die kleineren Kinder Schwierigkeiten haben, die filigranen Präparate herzustellen und mit den sensiblen Materialien umzugehen.

Materialien

Insbesondere Materialien die sich durch Gestaltbarkeit auszeichnen sind wichtig für elementare Erfahrungen mit allen Sinnen in Kindertageseinrichtungen. Auch für naturwissenschaftliche Bildungsprozesse spielen solche Materialien eine bedeutsame Rolle. Die Kinder müssen die unterschiedlichsten Materialien mit ihren Eigenschaften und in ihrer Beschaffenheit kennenlernen, um die Welt zu verstehen. Zum Beispiel ist es elementar wichtig, zu erkennen, dass Erde und Sand in der Kombination mit Wasser eine ganz andere Konsistenz erhalten, die sich beispielsweise besser formen lässt. Solche Erfahrungen sind die Ausgangslage für ein Verständnis der Dinge und sind basalen naturwissenschaftlichen Bildungsprozessen zuzuordnen. Es handelt sich um Phänomene, die nicht erklärbar sind und erst verstanden und verinnerlicht werden, wenn sie eigens erlebt werden. Dies sollten Kindertageseinrichtungen, in denen Kinder solche basale Erfahrungen mit naturwissenschaftlichen Phänomenen machen wollen und sollen, schließlich ermöglichen (→ Abb. 17). Materialien, die hierfür sinnvoll sind, sind beispielweise:

- Sand, Erde, Lehm
- Wasser
- Holz
- Kunststoff
- Stein

Während die vier ersten Punkte den Naturmaterialien zuzuordnen sind, fällt Kunststoff aus der Reihe. Allerdings ist zu bedenken, dass auch Kunststoff zur alltäglichen Umgebung der Kinder gehört (Agde et al. 2008, 93 f.). Entsprechend sollte auf dieses Material nicht verzichtet werden.

Abb. 17: Kinder matschen im Garten

Nähere Ausführungen zur Gestaltung von Außengeländen finden sich in Agde, G., Degünther, H., Hünnekes, A. (2008): Spielplätze und Freiräume zum Spielen: Ein Handbuch für Planung und Betrieb. 3. vollst. überarb. Auflage. hg. v. DIN Deutsches Institut für Normierung e. V. Beuth, Berlin / Wien / Zürich

5.4 Innovatives Praxisbeispiel

Im element-i Kinderhaus Bärcheninsel des Trägers Kind e. V. in Stuttgart ist in einem Bauwagen eine Forscherstation für die Kinder entwickelt worden (→ Abb. 18). Die Dokumentation dieses Praxisbeispiels ist in Zusammenarbeit mit Sandra Berger und Sylvia Kurz entstanden.

Abb. 18: Der Forscherwagen im Garten des element-i Kinderhauses Bärcheninsel

Entstehung des Forscherwagens

Die Kinder hielten sich hauptsächlich im Garten auf: Sie forschten, experimentierten, bauten, tüftelten und machten sich auf die Suche nach Naturmaterialien. Einige Kinder haben Pilze im Garten gesucht und wollten wissen, wie diese heißen. Sie stellten Fragen, wie zum Beispiel: „Was passiert, wenn man eine Karotte falsch einpflanzt?" Ein Kind wollte die „Haut" der Bäume untersuchen, ein anderes die Blattstruktur unter dem Mikroskop erkennen. Als im April dann die ersten Blumen wuchsen, wollten die Kinder Blumensträuße pflücken und genau wissen, wie jede einzelne Blume heißt.

die Interessen der Kinder

Bei den Kindern zeigte sich also ein starkes Interesse an der Natur und an deren Veränderung. Dies wurde von den pädagogischen Fachkräften erkannt. Im Rahmen einer Teamsitzung wurde besprochen, wie man das Interesse der Kinder unterstützen und eine geeignete räumliche Umgebung zum Experimentieren, Erkunden und Erforschen schaffen könne. Es entstand die Idee, direkt im Garten eine Forscherstation in einem vorhandenen Bauwagen einzurichten.

Kinder in Raumplanung einbeziehen

In einer Kinderkonferenz wurden schließlich von den Kindern Vorschläge für den Namen des Bauwagens gesammelt und sich gemeinsam für den

Abb. 19: Blick aus dem Fenster des Forscherwagens

Abb. 20: Terrasse des Forscherwagens mit Geländer aus Plexiglas

Namen „Forscherwagen“ entschieden, in dem sie „Funde“ untersuchen können.

Innovative Aspekte des Forscherwagens

Der „Forscherwagen“ ist besonders innovativ, da er ein geschlossener Raum ist, sich dennoch in der Natur befindet (→ Abb. 19).

unmittelbare Nähe zur Natur

Zudem bietet eine angebaute Terrasse die Möglichkeit, das Forschen und Experimentieren auch nach draußen zu verlagern. Von dieser Terrasse aus hat man einen Blick über den gesamten Garten, da das Geländer aus Plexiglas ist (→ Abb. 20).

Forschen drinnen und draußen

Vor dem Forscherwagen befindet sich ein aus Korb geflochtenes Sofa. Die Kinder haben sich gewünscht, darauf Gras zu sähen und ein „Gras- Sofa“ daraus zu machen, um gemütlich sitzen zu können. Außerdem hatten die Kinder die Idee, an der Lehne Erdbeeren und Karotten zu pflanzen, die sie dann auf dem Sofa sitzend pflücken und sofort essen können.

das Gras-Sofa

Außerdem wurde am „Forscherwagen“ ein Bienenhotel angebracht (→ Abb. 21, 22). In Reagenzgläsern bauen Bienen ihre Waben. Die Kinder können dies direkt beobachten und verfolgen.

das Bienenhotel

Atmosphäre und Gestaltung des Forscherwagens

Es ist erwiesen, dass Bildungsprozesse unterstützt werden, wenn sie in einer Atmosphäre vonstattengehen, in der die Kinder sich wohlfühlen. Es ist deshalb wichtig, das richtige Maß an Geborgenheit und Herausforderung zu schaffen. Im „Forscherwagen“ fühlen sich die Kinder wohl, da er hell und freundlich gestaltet ist und durch die Farbaspekte an der Wand eine positive und freundliche Stimmung ausgeht. Indem wir eine zweite Tür zur Veranda angebracht haben, ist der „Forscherwagen“ hell, warm und lichtdurchflutet (→ Abb. 23). Die Veranda lädt zum Experimentieren im Sonnenschein ein, was ebenfalls zum freundlichen Klima im Raum beiträgt.

Geborgenheit und Herausforderungen

Durch das offene und helle Raumklima wirkt der „Forscherwagen“ einladend und transparent; von außen ist teilweise zu sehen, was drinnen passiert und von drinnen ist das Geschehen im Garten sichtbar. Dadurch, dass

Nähe zur Natur

sich der „Forscherwagen“ im Garten und somit in der Natur befindet, regt er in besonderer Weise zum eigenen Experimentieren und Erforschen an.

Raumstruktur

Der „Forscherwagen“ ist durch den kleinen Vorraum, den Hauptraum und die Veranda räumlich getrennt, was zur Strukturierung des Raumes genutzt wurde. Im Eingangsbereich oder Vorraum befindet sich das Naturmaterialienregal. Im Hauptraum oder auf der Veranda können die Kinder diese Materialien oder eigenen Funde mithilfe der dafür zur Verfügung stehenden Materialien wie Lupen, Taschenlampen usw. untersuchen. Dadurch ist es gelungen, den „Forscherwagen“ strukturiert und übersichtlich zu gestalten. Den Kindern gelingt es so schnell, sich im „Forscherwagen“ zu orientieren und eigenen Interessen nachzugehen.

Abb. 21: Das Bienenhotel – Blick von außen

Abb. 22: Das Bienenhotel – Blick vom Forscherwagen ins Innere

Materialanordnung auf Kinderhöhe

Bei der Einrichtung und Gestaltung des Raumes war es ebenfalls wichtig, alle Materialien auf Blickhöhe der Kinder zu präsentieren und gemeinsam mit den Kindern den Raum einzurichten, beziehungsweise Wünsche, Ideen und Anregungen der Kinder gemeinsam umzusetzen.

vielfältige Nutzbarkeit

Die Nutzbarkeit des „Forscherwagens“ ist vielfältig, da den Kindern vielfältige Erfahrungen ermöglicht werden. Die Kinder können untersuchen, beobachten, entdecken, Naturmaterialen oder Tiere in Sachbüchern nachschlagen, staunen, es können Rollenspiele entstehen, es kann konstruiert, gestaltet, experimentiert und erforscht werden (→ Abb. 24).

Abb. 23: Heller, lichtdurchfluteter Raum mit vielen Fenstern

Abb. 24: Experimentieren auf der Terrasse

Freizügigkeit und Rückzug

Der „Forscherwagen" bietet Rückzugsmöglichkeiten, da die Kinder den Raum auch ohne Erwachsene nutzen können und die angebotenen Materialien für Kinder frei zugänglich sind. Außerdem wurde durch große und weitläufige Arbeitsflächen dafür gesorgt, dass die Kinder genug Platz haben, um sich frei zu entfalten. Einige Materialien des Raumes können auch aus dem Wagen mit in den Garten genommen werden, wie beispielsweise Eimer, Lupen, Messer oder Lupengläser (→ Abb. 25, 26). Somit kann das Kind sich in jeden Winkel des Gartens zurückziehen und dort nach eigenem Interesse für sich forschen und entdecken.

Materialien und Werkzeuge

Naturmaterialien

Im „Forscherwagen" steht den Kindern ein buntes Sammelsurium an Naturmaterialien wie beispielsweise Gräser, Blumen, Hölzer, Rindenstückchen, Moos, Steine, Muscheln, Baumwolle, Federn, Blätter, Stroh etc. zur Verfügung. Die Materialien wurden auf Waldspaziergängen und sonstigen Unternehmungen in der Natur gesammelt. Andere Materialien, wie beispielsweise Muscheln, haben uns Kinder von zuhause mitgebracht. Die Naturmaterialien befinden sich in hierfür vorgesehenen Körben in einem Regal und sind für alle Kinder frei zugänglich (→ Abb. 27).

Abb. 25: Kinder mit Lupe

Werkzeuge

Zum Untersuchen und Erforschen stehen den Kindern besondere Materialien oder Werkzeuge zur Verfügung; es gibt Vergrößerungslupen, verschieden große Pinzetten, Reagenzgläser, kleine und große Aufbewahrungsgefäße, Mikroskopbesteck, Petrischalen, Pipetten und Mörser. Außerdem können die Kinder Lupengläser, Pflanzenbestäuber, Schmetterlingsnetze, ein großes auf der Veranda angebrachtes Thermometer, Wolle, Draht, Seilschnur, kleine Taschenlampen sowie Taschenmesser nutzen. Des Weiteren steht ein hochwertiges Mikroskop zur Verfügung.

Zugänglichkeit der Materialien

Die meisten Werkzeuge und Materialien sind frei zugänglich. Einige Dinge können allerdings nur in Begleitung einer pädagogischen Fachkraft genutzt werden. Hierzu zählen beispielweise das Mikroskop oder die Taschenmesser.

Literatur

In zwei Regalen befindet sich eine kleine Bibliothek mit Naturbestimmungsbüchern und weiteren geeigneten naturwissenschaftlichen Nachschlagewerken und Geschichten (→ Abb. 28).

Aufbewahrung

Verschiedene Gläser, Schachteln, Schraubgefäße und Behälter stehen den Kindern zur Verfügung, um eigene Funde oder Experimente aufzube-

Abb. 26: Erkundungen mit Eimer und Wasser

Abb. 27: Anordnung von Naturmaterialien im Forscherwagen auf Blickhöhe

wahren. In einem bestimmten Regal können Funde auch über einen längeren Zeitraum hinweg aufbewahrt und beobachtet werden. In einem großen Terrarium haben die Kinder die Möglichkeit, selbst gefangene Insekten zu beobachten.

Flexibilität

Die Materialien wurden mit den Kindern zusammen ausgesucht, da der „Forscherwagen" gemeinsam eingerichtet und gestaltet wurde. Ausgehend von Interessen, Impulsen und aktuellen Themen werden die Materialien des „Forscherwagens" immer wieder erweitert und verändert. So gehört inzwi-

Abb. 28: Bestimmungsbücher und -plakate

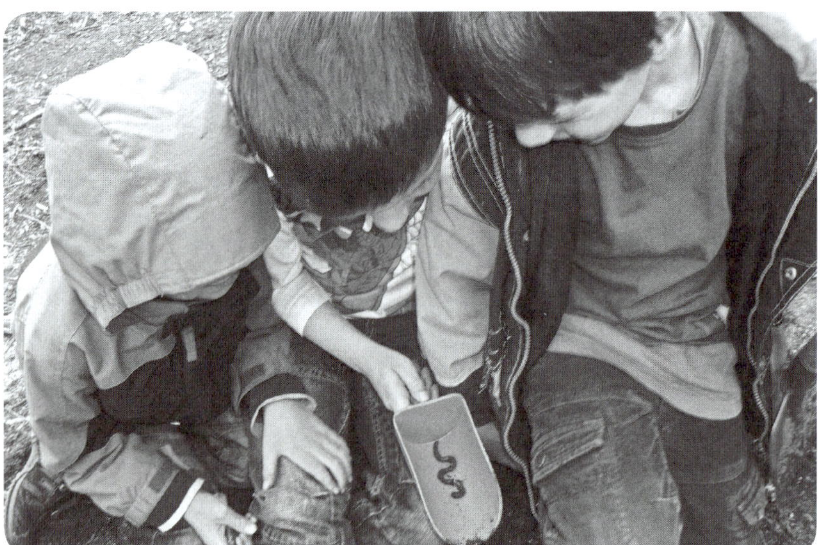

Abb. 29: Kinder betrachten einen gefundenen Regenwurm.

Abb. 30: Regenwurm im Regenwurmschauglas

schen auch ein Regenwurmschauglas zum Inventar (→ Abb. 29, 30). Dieses wurde mit den Kindern gebaut, da diese immer wieder Regenwürmer gesammelt und beobachtet haben. Das Glas, in dem sich Regenwürmer befinden, ermöglicht es nun, diese über einen längeren Zeitraum zu beobachten.

Natur erleben mit allen Sinnen

Der taktile Sinn: Durch das Befühlen von Materialien, wie zum Beispiel Baumrinde, wird dieser Sinn angesprochen. Die Kinder können Unebenheiten spüren und erkennen Unterschiede gegenüber anderer Materialien. Sie können zwischen Materialien differenzieren und sie benennen. Weiterhin können sie die individuellen angenehmen und unangenehmen Berührungspunkte und Berührungsformen kennen lernen, wie zum Beispiel, dass Brennnesseln in Berührung mit der Haut brennen und unangenehm sind.

Der olfaktorische Sinn: Der olfaktorische Sinn wird zum Beispiel angesprochen, wenn die Kinder im Garten den Duft der Blumen und der Gräser wahrnehmen und diese dann mit in den „Forscherwagen" nehmen.

Der gustatorische Sinn: Dieser Sinn wird angesprochen, wenn die gesammelten Funde der Kinder weiterverarbeitet werden, wie zum Beispiel Brennnesseln zu pflücken und sich daraus einen Tee zu machen.

Der visuelle Sinn: Dadurch, dass die Kinder unterschiedliche Naturmaterialien, wie zum Beispiel Federn, Tannenzapfen oder Muscheln, im „Forscherwagen" zur Verfügung haben, wird der visuelle Sinn angesprochen. Der visuelle Sinn wird weiterhin angeregt, indem die Kinder ihre Experimente über einen längeren Zeitraum beobachten und mögliche Veränderungen an dem Experiment beobachten können: das genaue Beobachten wie etwas sich verändert, zum Beispiel das Wachsen des Grases am „Gras-Sofa".

Der auditive Sinn: Die Kinder können es kaum erwarten zu beobachten, wie die Bienen in den Reagenzgläsern ihre Waben bauen. Sie hören schon, ob sie irgendwelche Bienen wahrnehmen können.

Erfahrungsmöglichkeiten im Forscherwagen

Die Kinder können neben ihren Sinneserlebnissen auch zahlreiche andere Erfahrungen im „Forscherwagen" sammeln.

Kognitive Erfahrungen: Durch das bewusste Erleben der Natur können sich die Kinder ein kognitives Wissen aneignen. Die Kinder nehmen unterschiedliche Strukturen und verschiedene Materialien aus der Natur wahr und können beispielsweise die Namen von Bäumen und Pflanzen mithilfe von Bestimmungsbüchern herausfinden. Durch eigene Erfahrungen und Auseinandersetzungen mit verschiedenen Naturphänomenen eignen sich die Kinder, begleitet durch Erwachsene, Wissen über die natürliche Umgebung und deren Zusammenhänge an. Sie lernen zudem, wie sie vorgehen können, um Antworten auf ihre Fragen zu finden.

Lebenszyklus und Sinnfragen

Lebenserfahrungen: Durch das Beobachten der Natur erfahren die Kinder viel über das Leben an sich. Anhand von einem Samen, der eingepflanzt wird und aus dem ein Trieb und schließlich eine Blume entsteht, die nach einiger Zeit wieder verwelkt, wird für die Kinder der Lebenszyklus erfahrbar gemacht, der sich auch auf das menschliche Leben übertragen lässt. Die Kinder erleben den Lauf des Lebens hautnah mit. So wird die Vergänglichkeit des Lebens für Kinder spürbar. Die Kinder beginnen durch diese intensive Auseinandersetzung mit der Natur, Sinnfragen zu stellen. So wurde beispielsweise ein toter Regenwurm gefunden. Nachdem er im „Forscherwagen“ näher betrachtet wurde, haben zwei Kinder ihn im Sandkasten beerdigt. Dadurch ist bei den Kindern ein angeregtes Gespräch über den Tod entstanden. Solche und ähnliche Erfahrungen mit der Natur regen auch zu philosophischen Gesprächen über das Leben an sich an und führen zu gewinnbringenden Diskussionen der Kinder untereinander.

Soziale Erfahrungen: Die Kinder übernehmen Verantwortung für die Natur. Sie gehen behutsamer und wertschätzender mit der Natur um, da sie sich intensiv mit ihr beschäftigen (Kap. 2.2.2). Des Weiteren übernehmen sie Fürsorge für beispielsweise die Regenwürmer im Schauglas, da sie sich um diese sorgen und ihnen regelmäßig neue Erde und Kompostabfälle in ihr „Zuhause“ geben. Auch die sozialen Erfahrungen, welche die Kinder untereinander beim Forschen im „Forscherwagen“ machen können, sind sehr wertvoll. In Kooperation mit anderen machen sich die Kinder auf die Suche nach Antworten zu Naturphänomenen. Sie erforschen und entdecken gemeinsam Neues, beobachten Fremdes, stellen davon ausgehend Hypothesen auf und überprüfen diese durch eigene kleine Experimente. Die Kinder verfolgen also gemeinsame Ziele. Diese Zusammenarbeit führt zur Förderung wesentlicher sozialer Fähigkeiten, wie kommunikative Kompetenzen, Empathie, Frustrationstoleranz.

Ich-Erfahrungen und Selbstkompetenz: Die Kinder können im „Forscherwagen“ die Erfahrung machen, dass sie in ihren Fragen und Ideen ernst genommen und wertgeschätzt werden. Wichtig hierbei ist, dass die kindlichen Vorstellungen von der Welt nicht belächelt oder als falsch abgetan werden. Kinder sehen die Welt nicht „falsch“, sondern aus einer anderen Perspektive (Kap. 2.1.4). Die eigenen Ideen oder Wünsche der Kinder können im „Forscherwagen“ eingebracht werden und bei den anderen Kindern und den Erwachsenen Zuspruch finden. So kam beispielsweise auch die Idee mit dem „Gras-Sofa“, aus dessen Lehne Erdbeeren wachsen sollen, von den Kindern und wurde von den Erwachsenen aufgegriffen. Gemeinsam wurde überlegt, wie man diese „verrückte“ Idee umsetzen könne. Und schlussendlich konnte sie umgesetzt werden.

Der Forscherwagen als Impulsgeber

Die Kinder nutzen den „Forscherwagen" gerne und intensiv. Sie zeigen nach wie vor ein reges und vielfältiges Interesse, Naturphänomene zu erkunden und zu erforschen.

Erwachsene als Assistenten der Kinder

Schon während des Entstehungsprozesses des „Forscherwagens" haben sich die Kinder mit ihren Ideen eingebracht. Die Möglichkeiten, die nun durch den entstandenen Forscherwagen vorhanden sind, regen die Kinder zu neuen Tätigkeiten an und immer wieder kommen neue Fragen an die Umgebung auf, denen die Kinder intensiv und motiviert nachgehen. Die Erwachsenen fungieren hierbei als Begleiter und unterstützen die Kinder in ihren Forschungsprozessen.

Regenwurmschauglas

Dadurch, dass die Kinder sehr viel Zeit im Garten verbracht haben, um nach Regenwürmern zu suchen, wurde beispielsweise zusammen mit einer pädagogischen Fachkraft das oben erwähnte „Regenwurmschauglas" in der Werkstatt der Einrichtung gebaut. Die gefundenen Regenwürmer wurden dort hineingegeben und die Kinder konnten dadurch die Regenwürmer beobachten und deren Gänge erkennen.

Die Kinder bringen nun fast jeden Morgen „Schätze" aus der Natur bzw. aus ihrer Umgebung mit in die Kita. Sie gehen gemeinsam mit ihren Eltern mit wachen Augen umher und nehmen ihre Umgebung intensiv wahr. Im „Forscherwagen" können die gefundenen Objekte untersucht werden.

Erziehungs- und Bildungspartnerschaft mit Eltern

Eltern einbeziehen

Am Entstehungsprozess des Forscherwagens waren neben den Kindern und den pädagogischen Fachkräften auch die Eltern beteiligt: Eine Mutter, die von Beruf Künstlerin ist, hat beispielsweise den Schriftzug des „Forscherwagens" entworfen und aufgemalt. Sie hat den Buchstaben „O" als Lupe gezeichnet, in der ein Auge zu sehen ist. Das steht für das Experimentieren und Beobachten. Die Eltern haben sich in einer gemeinsamen Gartenaktion am Umbau und an der Gestaltung des „Forscherwagens" beteiligt und sich mit Ideen, Rat und Tat eingebracht.

gemeinsame Identifikation

Der „Forscherwagen" wurde gemeinsam auf die Interessen der Kinder abgestimmt. Das große Engagement und die Motivation aller Beteiligten führten schließlich zu einem Ergebnis, das in vielerlei Hinsicht als besonders innovativ bezeichnet werden kann. Durch die gemeinsamen Planungen und Arbeiten im Entstehungsprozess des „Forscherwagens" sind nicht nur die Kinder und pädagogischen Fachkräfte, sondern auch die Eltern voller Euphorie. Durch die Zusammenarbeit ist eine gemeinsame Identifikation mit dem Projekt entstanden, die die Beteiligten verbindet.

Brücke zwischen Kita und Elternhaus

Die Eltern gehen gemeinsam mit den Kindern mit offenen Augen durch die Welt und bringen nicht selten ihre Funde mit in die Einrichtung, damit sie im Forscherwagen untersucht werden können. Umgekehrt nehmen die Kinder Fragen aus ihren Untersuchungsprozessen im „Forscherwagen" mit nach Hause und beschäftigen sich gemeinsam mit den Eltern weiter damit. So kommt es häufig zu einer Verknüpfung von Bildungsprozessen im Elternhaus und in der Kita.

1 Was sollten Räume bieten, um frühe naturwissenschaftliche Bildung in Kindertageseinrichtungen zu unterstützen?

2 Beschreiben Sie die Unterschiede zwischen Lernwerkstatt und Forscherecken.

3 Nennen Sie drei wesentliche Aspekte der Werkstattarbeit.

4 Wenn Sie ein Außengelände gestalten dürften, worauf würden Sie achten? Begründen Sie Ihre Planungsaspekte.

5 Welche Aspekte spielen bei der Materialauswahl eine Rolle?

6 Was empfinden Sie am „Forscherwagen" des element-i Kinderhauses Bärcheninsel als besonders innovativ?

Lösungen zu den Lernfragen gibt es unter www.reinhardt-verlag.de.

6
Fazit

Im vorliegenden Werk wurden die wesentlichen Aspekte früher naturwissenschaftlicher Bildung dargelegt und diskutiert. Es wurde herausgestellt, dass sich frühe naturwissenschaftliche Bildung in der Kita in vielerlei Hinsicht von schulischem Naturwissenschaftsunterricht unterscheidet. Während für den schulischen Naturwissenschaftsunterricht klare Themen und Ziele vorgeben sind, stehen in der Kita die Fragen und Interessen der Kinder im Vordergrund. Hieraus ergibt sich, dass sowohl in der Ausbildung von pädagogischen Fachkräften als auch in der praktischen Arbeit in den Einrichtungen unterschiedliche Schwerpunkte zu setzen sind.

Im Gegensatz zum schulischen Bereich ist die Forschungslage in der Elementarpädagogik grundsätzlich und ebenso speziell in Bezug auf frühe naturwissenschaftliche Bildung als marginal zu bezeichnen. Zudem hat der Bereich der frühen naturwissenschaftlichen Bildung keine Tradition im Elementarbereich. Dadurch fehlen Vorstellungen, Konzepte und Forschungsergebnisse, was scheinbar durch eine Übertragung der selbigen aus dem Schulbereich kompensiert wird. So wird beispielsweise gerade in diesem Bildungsbereich der Fokus häufig auf angeleitetes Lernen gelegt. Dies wird u. a. durch die große Anzahl an Experimentierkästen mit akribisch ausgearbeiteten Experimentieranleitungen in Kitas deutlich.

Vor diesem Hintergrund erscheint es wesentlich, die erforderlichen Kompetenzen von Frühpädagogen in Bezug auf frühe naturwissenschaftliche Bildung ausgehend von der Anforderungssituation in Kitas sowohl grundlagentheoretisch als auch empirisch näher zu beleuchten, um genuine Erkenntnisse für den frühpädagogischen Bereich zu generieren. Ziel muss es grundsätzlich sein, eine Anschlussfähigkeit von vorschulischen und schulischen naturwissenschaftlichen Bildungsprozessen zu erreichen, was jedoch nicht mit einer Gleichsetzung von naturwissenschaftlicher Elementar- und Primarbildung zu verwechseln ist.

Es fehlen hier beispielsweise theoretische und empirische Grundlagen zur frühen naturwissenschaftlichen Didaktik, wozu sowohl Ziele als auch Inhalte und Methoden zählen.

Es wurde außerdem deutlich, dass die Einstellungen der pädagogischen Fachkräfte zum Bildungsbereich Naturwissenschaften eine wesentliche Rolle spielen. Bei einer negativen Einstellung kann es dazu kommen, dass naturwissenschaftliche Themen, Fragen und Interessen der Kinder gar nicht erst aufgegriffen und somit wichtige Potenziale nicht genutzt werden.

Letztlich muss es das Ziel von Aus- und Weiterbildung sein, dass sich (angehende) frühpädagogische Fachkräfte mit naturwissenschaftlicher Bildung und deren Umsetzung beschäftigen, um Vorbehalte und Ängste abzubauen. Es ist nicht erforderlich, über fundiertes Wissen in allen naturwissenschaftlichen Bereichen zu verfügen. Vielmehr sollten Frühpädagogen in der Lage sein, die Fragen der Kinder aufzuspüren, Interessen aufzugreifen und Kinder auf deren Grundlage in ihren eigenen Bildungsprozessen zu begleiten und zu unterstützen. Die Frühpädagogen fungieren also nicht etwa als „Vermittler“ naturwissenschaftlichen Wissens, sondern setzen sich gemeinsam mit den Kindern mit naturwissenschaftlichen Phänomenen auseinander.

Literatur

Agde, G., Degünther, H., Hünnekes, A. (2008): Spielplätze und Freiräume zum Spielen: Ein Handbuch für Planung und Betrieb. 3. vollst. überarb. Aufl. DIN Deutsches Institut für Normierung e.V., Beuth, Berlin / Wien / Zürich

Alemzadeh, M., Rosenfelder, D. (2009): Grundzüge einer elementaren Didaktik im Bildungsbereich Naturwissenschaften – Perspektiven. In: Schäfer, G. E.: Natur als Werkstatt. Über Anfänge von Biologie, Physik und Chemie im Naturleben von Kindern. verlag das netz, Weimar / Berlin, 11–20

Andres, B. (2007): Wie der Zusammenhang von Betreuung, Bildung und Erziehung praktisch wird. In: Hammes-Di Bernardo, E. (Hrsg.): Kompetente Erziehung. Zwischen Anleitung und Selbstbildung. verlag das netz, Weimar / Berlin, 64–70

Andres, B. (o. J.): Beobachtung und fachlicher Diskurs im Kontext des Bildungs- und Erziehungsauftrags von Kindertagesstätten. In: www.mbjs.brandenburg.de/media_fast/4113/andres_beobachtung.pdf, 08.03.2013

Anders, Y. (2012): Modelle professioneller Kompetenz für frühpädagogische Fachkräfte. Aktueller Stand und ihr Bezug zur Professionalisierung. Hrsg. von vbw-Vereinigung der Bayrischen Wirtschaft e.V. In: www.aktionsrat-bildung.de/fileadmin/Dokumente/Expertise_Modelle_professioneller_Kompetenzen.pdf, 12.03.2013

Andresen, S., Hurrelmann, K. (2010): Kindheit. Beltz, Weinheim / Basel

Ansari, S. (2010): Die Akademisierung der Kindheit. In: http://bvnw.de/wp-content/uploads/ 2011/03/Dr.-Salman-Ansari-2.pdf, 08.03.2013

Augenstein, I. (2002): Die Ästhetik der Landschaft. Ein Bewertungsverfahren für die planerische Umweltvorsorge. Weißensee-Verlag, Berlin

Baumert, J., Kunter, M. (2006): Stichwort: Professionelle Kompetenz von Lehrkräften. Zeitschrift für Erziehungswissenschaft 9 (4), 469–520

Beek von der, A., Buck, M., Rufenach, A. (2010): Hundert Welten entdeckt das Kind: Kinderräume bilden: Ein Ideenbuch für Raumgestaltung in Kitas – Ein Werkstattbuch. 3. Aufl. Cornelsen Scriptor, Berlin

Berman, M. G., Jonides, J., Kaplan, S. (2008): The Cognitive Benefits of Interacting with Nature. Psychological Science 19 (12), 1207–1212

Berto, R. (2005): Exposure to Restorative Environments Helps Restore Attentional Capacity of Life and

Death. Merrill-Palmer Quarterly: Journal of Environmental Psychology 24 (3), 249–259

Bödeker, Katja (2006): Die Entwicklung intuitiven physikalischen Denkens im Kulturvergleich. Waxmann, Münster / New York / München / Berlin

Bülow von, K. (2011): Anschlussfähigkeit von Kindergarten und Grundschule. Rekonstruktion von subjektiven Bildungstheorien von Erzieherinnen und Lehrerinnen. Klinkhardt, Bad Heilbrunn

Deutsche UNESCO-Kommission e. V. (2010): Jahresbericht 2010. In: www.unesco.de/fileadmin/medien/Dokumente/Bibliothek/DUK_Jahresbericht_2010.pdf, 12.03.2013

Dieken van, C. (2004): Lernwerkstätten und Forscherräume in Kita und Kindergarten. Herder, Freiburg / Br.

Diskowski, D. (2008): Bildungspläne für Kindertagesstätten – ein neues und noch unbegriffenes Steuerungsinstrument. Zeitschrift für Erziehungswissenschaft 10 (11), 47–61

Diskowski, D. (2007): Einige Gedanken zur naturwissenschaftlichen Bildung in der Kindertagesstätte: Nicht die Antworten, die Fragen sind das Wichtigste. In: Hammes-Di Bernardo, E. (Hrsg.): Kompetente Erziehung. Zwischen Anleitung und Selbstbildung. das Netz, Weimar / Berlin, 106–109

Ehmke, T. (2008): Welche Bedeutung haben lernförderliche Prozesse und naturwissenschaftsbezogene Einstellungen im Elternhaus für die Erklärung sozialer Disparitäten in der naturwissenschaftlichen Kompetenz? Zeitschrift für Erziehungswissenschaft 10 (10), 129–148

Elschenbroich, D. (2010): Die Dinge. Antje Kunstmann, München

Faber Taylor, A., Kuo, F. E. (2008): Children with Attention Deficits Concentrate Better after Walk in the Park. Journal of Attention Disorders 12 (5), 402–409

Faulstich-Wieland, H. (2004): Mädchen und Naturwissenschaften in der Schule. Eine Expertise für das Landesinstitut für Lehrerbildung und Schulentwicklung in Hamburg. In: www.erzwiss.uni-hamburg.de/personal/faulstich-wieland/expertise.pdf, 08.03.2013

Frey, K. (1982): Projektmethode. Beltz, Weinheim

Fröhlich-Gildoff, K., Nentwig-Gesemann, I., Pietsch S. (2011): Kompetenzorientierung in der Qualifizierung frühpädagogischer Fachkräfte. Deutsches Jugendinstitut e. V., Weiterbildungsinitiative Frühpädagogische Fachkräfte (WiFF), München

Fthenakis, W. (2006): Bildungsplan. In: Pousset, R. (Hrsg.): Handwörterbuch für Erzieherinnen und Erzieher. Cornelsen, Berlin / Düsseldorf / Mannheim, 77–80

Gebhard, U. (2009): Kind und Natur: Die Bedeutung der Natur für die psychische Entwicklung. 3. überarb. u. erweit. Aufl. VS, Wiesbaden

Grell, F. (2010): Über die (Un-)Möglichkeit, Früherziehung durch Selbstbildung zu ersetzen. Zeitschrift für Pädagogik 56 (2), 154-167

Gudjons, H. (2008): Handlungsorientiert lehren und lernen. Schüleraktivierung. Selbsttätigkeit. Projektarbeit. Klinkhardt, Bad Heilbrunn

Gugerli-Dolder, B. (2004): Waldtage, Waldwochen, Waldkindergärten. In: Gugerli-Dolder, B., Hüttenmoser, M., Lindemann-Matties, P. (Hrsg.): Was Kinder beweglich macht. Wahrnehmung und Bewegungsförderung im Kindergarten. Pestalozzianum, Zürich, 59–75

Hartig, T., Evans, G. W., Jamner, L. D., Davis, D. S., Garling, T. (2003): Tracking Restoration in Natural and Urban Field Settings. Journal of Environmental Psychology 23 (2), 109–123

Hartig, T., Mang, M., Evans, G. W. (1991): Restorative Effects of Natural Environment Experiences. Environment and Behavior 23 (1), 3–26

Henneberg, R., Klein, L., Vogt, H. (2010): Freinet-Pädagogik. In: Kasüschke, D. (Hrsg.): Didaktik in der Pädagogik der frühen Kindheit. Carl Link Verlag, Kronach, 144–174

IfS – Institut für Schulentwicklungsforschung, Technische Universität Dortmund (2011): Internationale Grundschul-Lese-Untersuchung / Progress in International Reading Literacy Study. In: www.ifs-dortmund.de/pirls2011.html, 08.03.2013

JMK / KMK (2004): Gemeinsamer Rahmen der Länder für die frühe Bildung in Kindertageseinrichtungen. Beschluss der Jugendministerkonferenz vom 13. / 14.5.2004, Beschluss der Kultusministerkonferenz vom 3./4.6.2004. In: www.kmk.org/fileadmin/veroeffentlichungen_beschluesse/2004/2004_06_04-Fruehe-Bildung-Kitas.pdf, 12.03.2013

Keller, H. (2011): Handbuch der Kleinkindforschung. 4. Aufl. Hans Huber, Hogrefe, Bern

Klauer, K. J. (1991): Denktraining für Kinder II. Hogrefe, Göttingen

Knauf, T. (2003): Projekte in der Reggio-Pädagogik. In: www.kindergartenpaedagogik.de/1067.html, 12.03.2013

Knauf, T. (1998): Wir erziehen die Kinder nicht, wir assistieren ihnen. Die Rolle der Erzieherin in der Reggio-Pädagogik. Welt des Kindes 4 (4), 13–19

König, A. (2009): Interaktionsprozesse zwischen Erzieherinnen und Kindern. Eine Videostudie aus dem Kindergartenalltag. VS, Wiesbaden

König, A. (2007): Dialogisch-entwickelnde Interaktionsprozesse als Ausgangspunkt für die Bildungsarbeit im Kindergarten. Bildungsforschung. Schwerpunkt „Frühes Lernen“ 4 (1). In: www.bildungsforschung.org/index.php/bildungsforschung/article/view/54/57, 08.03.2013

Köster, H. (2008): Physik in Kindertagesstätten – Grenzen und Möglichkeiten. In: Hellmich, F., Köster, H. (Hrsg.): Vorschulische Bildungsprozesse in Mathematik und Naturwissenschaften. Klinkhardt, Bad Heilbrunn, 195–209

Kosack, W. (2011): Schüler experimentieren in außerschulischen Einrichtungen. Karlsruher pädagogischen Beiträge 77 (1), 115–127

Krapp, A. (1992): Konzepte und Forschungsansätze zur Analyse des Zusammenhangs von Interesse, Lernen und Leistung. In: Krapp, A., Prenzel, S. (Hrsg.): Interesse, Lernen und Leistung. Neuere Ansätze der pädagogisch-psychologischen Interessenforschung. Aschendorff, Münster, 9–52

Krist, H., Loskill, J., Schwarz, S. (1996): Intuitive Physik in der Handlung: Perzeptiv-motorisches Wissen über Flugbahnen bei 5–7jährigen Kindern. Zeitschrift für Psychologie 107 (4), 339–366

Kuhn, Th. S. (2002): Die Struktur wissenschaftlicher Revolutionen. 17. Aufl. Suhrkamp, Frankfurt / M.

Laewen, H.-J. (2010): Was Bildung und Erziehung in Kindertageseinrichtungen bedeuten können. In: Laewen, H.-J., Andres, B. (Hrsg.): Forscher, Künstler, Konstrukteure. Werkstattbuch zum Bildungsauftrag von Kindertageseinrichtungen. 3. Aufl. Cornelsen, Berlin / Düsseldorf, 22–69

Laewen, H.-J., Andres, B. (2010): Arbeitsblatt 2. Erziehung als Gestaltung der Umwelt. Räume und komplexe Erfahrungen. In: Laewen, H.-J., Andres, B. (Hrsg.): Forscher, Künstler, Konstrukteure. Werkstattbuch zum Bildungsauftrag von Kindertageseinrichtungen. 3. Aufl. Cornelsen, Berlin / Düsseldorf, 114–123

Leder, G. C., Forgasz, H. J. (2002): Measuring Mathematical Beliefs and Their Impact on the Learning of Mathematics. In: Leder, G. C., Pehkonen, E., Törner, G. (Hrsg.): Beliefs: A Hidden Variable in Mathematics Education? Kluwer Academic Publishers, Dordrecht, 95–114

Leu, H. R. (2007): Erziehung zwischen Anleitung und Selbstbildung. In: Hammes Di-Bernardo, E. (Hrsg.): Kompetente Erziehung. Zwischen Anleitung und Selbstbildung. verlag das netz, Weimar / Berlin, 16–32

Liegle, L. (2010): Didaktik der indirekten Erziehung. In: Schäfer, G., Staeger, R., Meiners, K. (Hrsg.): Kinderwelten – Bildungswelten. Unterwegs zur Frühpädagogik. Cornelsen, Berlin, 11–25

Lohr, V. I., Pearson-Mims, C. H. (2006): Responses to Scenes with Spreading, Rounded, and Conical Tree Forms. Environment and Behavior 38 (5), 667–688

Lück, G. (2009): Handbuch der naturwissenschaftlichen Bildung. Theorie und Praxis für die Arbeit in Kindertageseinrichtungen. Herder, Freiburg / Br.

Martial, I., Bennak, J. (2004): Einführung in schulpraktische Studien: Vorbereitung auf Schule und Unterricht. 8. überarb. Aufl. Schneider, Hohengehren

Mulhall, P., Gunstone, R. (2005): Views of Physics Held by Physics Teachers with Differing Views of the Nature of Physics Learning. Paper Presented at the Annual Meeting of the American Educational Research Association San Francisco

Oerter, R. (2007): Entwicklungspsychologische Aspekte der Bildung. In: Harring, M., Rohlfs, C., Palentien, C. (Hrsg.): Perspektiven der Bildung: Kinder und Jugendliche in formellen, nicht-formellen und informellen Bildungsprozessen. VS, Wiesbaden, 117–136

Pauen, S., Pahnke, J. (2009): Entwicklung des naturwissenschaftlichen Denkens. In: Pauen, S., Herber, V. (Hrsg.): Vom Kleinsein zum Einstein. Offensive Bildung. Cornelsen, Berlin, 96–122

Pauen, S. (2003): Säuglingsforschung: Die kognitive Perspektive. In: Keller, H. (Hrsg.): Handbuch der Kleinkindforschung. Beltz, Weinheim, 283–318

Piaget, Jean (1972): Die Entwicklung des Erkennens. Klett-Cotta, Stuttgart

Prenzel, M., Lankes, E.-M., Minsel, B. (2000): Interessenentwicklung in Kindergarten und Grundschule: Die ersten Jahre. In: Schiefele, U., Wild, K.-P. (Hrsg.): Interesse und Lernmotivation. Untersuchungen zu Entwicklung, Förderung und Wirkung. Waxmann, Münster / New York / Berlin, 11–30

Remsperger, R. (2008): Feinfühligkeit im Umgang mit Kindern. Kindergarten heute 9 (2), 8–12

Rohen-Bullerdiek, C. (2012): Naturwissenschaftliche Grundbildung im Elementarbereich. Handreichung zur Berufseinstiegsphase von Elementar- und KindheitspädagogInnen. Heft B06. In: www.fruehpaedagogik.uni-bremen.de/handreichungen/B06Naturwissenschaft(CRB).pdf, 12.03.2013

Rosenfelder, D. (2009): Den eigenen Kindergarten in eine Lernwerkstatt Natur verwandeln. In : Schäfer, G., Alemzadeh, M., Eden, H., Rosenfelder, D.: Natur als Werkstatt. verlag das netz, Weimar / Berlin, 72–80

Schäfer, G. (2011a): Was ist frühkindliche Bildung? Kindlicher Anfängergeist in einer Kultur des Lernens. Juventa, Weinheim / München

Schäfer, G. (2011b): Gerd E. Schäfer über Notwendigkeiten in der Kita-Pädagogik. In: www.karriere-branchenmarkt.de/de/baustein/kapitel466.html, 08.03.2013

Schäfer, G. (2010): Welten entdecken, Welten gestalten, Welten verstehen. In: Fischer, H.-J., Gansen, P., Michalik, K. (Hrsg.): Sachunterricht und frühe Bildung. Klinkhardt, Bad Heilbrunn, 13–28

Schäfer, G. (2009): Natur als Werkstatt. Über Anfänge von Biologie, Physik und Chemie im Naturleben von Kindern. verlag das netz, Weimar / Berlin

Schäfer, G. (2007): Bildung beginnt mit der Geburt. Ein offener Bildungsplan für Kindertageseinrichtungen in Nordrhein-Westfalen. 2. erw. Aufl. Cornelsen, Berlin / Düsseldorf / Mannheim

Schelle, R. (2011): Die Bedeutung der Fachkraft im frühkindlichen Bildungsprozess. Didaktik im Elementarbereich. Deutsches Jugendinstitut e. V., Weiterbildungsinitiative Frühpädagogische Fachkräfte(WiFF), München

Schölmerich, A., Lengning, A. (2008): Bindungsentwicklung und Neugier. In: Ahnert, L. (Hrsg.): Frühe Bindung. Entstehung und Entwicklung. 2. aktual. Aufl. Reinhardt, München, 19–212

Schlag, B. (2008): Naturwissenschaftliche Forscherecken im Kindergarten einrichten und nutzen. Cornelsen, Berlin / Düsseldorf

Schwanitz, D. (2002): Bildung – Alles, was man wissen muss. 18. Aufl. Goldmann, München

Seel, N. L. (2003): Psychologie des Lernens. Lehrbuch für Pädagogen und Psychologen, 2. Aufl. UTB, Stuttgart

Sinus Bayern (o. J.): Naturwissenschaftliches Arbeiten. In: http://sinus-bayern.de/userfiles/3_Nat_Arbeiten/Nat_Arbeiten.pdf, 02.07.2013

Siraj-Blatchford, I., Sylva, K., Muttock, S., Gilden, R., Bell, D. (2002): Researching Effective Pedagogy in Early Years. Research Report 356, DfES, London

Sodian, B. (2008): Entwicklung des Denkens. In: Oerter, R., Montada, L. (Hrsg.): Entwicklungspsychologie. 6. Aufl. Beltz, Weinheim / Basel, 436–479

Spelke, E., Vishton, P., Hofsten von, C. (1995): Object Perception, Object-directed Action, and Physical Knowledge in Infancy. MIT Press, Cambridge, 166 ff. In: www2.denizyuret.com/ref/spelke/spelke.pdf, 19.02.2013

Stamer-Brandt, P.(2010):Projektarbeit in Kita und Kindergarten. Herder, Freiburg im Breisgau

Stanat, P., Kunter, M. (2001): Geschlechterunterschiede in Basiskompetenzen. In: Deutsches PISA Konsortium (Hrsg.): PISA 2000. Leske und Budrich, Opladen, 251–269

Stern, E., Schumacher, R. (2004): Lernziel: Intelligentes Wissen. Universitas 59 (2), 121–131

StMAS / IFP (2006): Der Bayrische Bildungs- und Erziehungsplan für Kinder in Tageseinrichtungen bis zur Einschulung. Beltz, Weinheim / Basel

Sullivan, W. C., Kuo, F. E., DePooter, S. F. (2004): The Fruit of Urban Nature – Vital Neighborhood Spaces. Environment and Behavior 36 (5), 678–700

Valtin, R., Wagner, C., Schwippert, K. (2005): Schülerinnen und Schüler am Ende der vierten Klasse – Schulische Leistungen, lernbezogene Einstellungen und außerschulische Lernbedingungen. In: Bos, W., Lankes, E., Prenzel, M., Schwippert, K., Valtin, R., Walther, G. (Hrsg.): IGLU. Vertiefende Analysen zum Leseverständnis, Rahmenbedingungen und Zusatzstudien. Waxmann, Münster, 187–230

Völkel, P. (2010): Bildungsgeschichten aus der Kindertageseinrichtung. Wie Kinder miteinander und voneinander lernen. In: Laewen, H.-J., Andres, B. (Hrsg.): Forscher, Künstler, Konstrukteure. Werkstattbuch zum Bildungsauftrag von Kindertageseinrichtungen. 3. Aufl. Cornelsen, Berlin / Düsseldorf, 70–87

Wagenschein, M. (1971): Die pädagogische Dimension der Physik, 3. Aufl. Georg Westermann, Braunschweig

Weber, A. (2012): Mehr Matsch! Kinder brauchen Natur. Ullstein, Berlin

Wehner, U. (2010): Umweltbildung und Bildung für Nachhaltigkeit. Programmatik, Empirie und Experiment. Pädagogische Rundschau (64) 4, 437–448

Wehner, U. (2009): Kinderphilosophie und (natur)wissenschaftliche Halbbildung. In: Michalik, K., Müller, H.-J., Nießeler, A. (Hrsg.): Philosophie als Bestandteil wissenschaftlicher Grundbildung? Möglichkeiten der Förderung des Wissenschaftsverständnisses in der Grundschule durch das Philosophieren mit Kindern. LIT Verlag, Berlin, 43–65

Weigand, G. (2011): Person und Begabung. Karg-Heft 3. Beiträge zur Begabtenförderung und Begabungsforschung, 32–38

Weinert, F. E. (2001): Leistungsmessungen in Schulen. 2. Aufl. Beltz, Weinheim

Wells, N. M., Evans, G. W. (2003): Nearby Nature: A Puffer of Life Stress among Rural Children. Environment and Behavior 35 (3), 311–330

Wilke, E. (2004): Naturbeziehungen und persönliche Entwicklung. Verlag Dr. Kovac, Hamburg

Wilkening, F., Freund, A. M., Martin, M. (2009): Entwicklungspsychologie kompakt. Beltz, Weinheim / Basel

Wilkening, F., Huber, S., Cacchione, T. (2006): Intuitive Physik. In: Schneider, W., Sodian, B. (Hrsg.): Enzyklopädie der Psychologie: Entwicklungspsychologie, Bd. 2. Hogrefe, Göttingen, 825–860

Wustmann Seiler, C., Simoni, H. (2012): Orientierungsrahmen für frühkindliche Bildung, Betreuung und Erziehung in der Schweiz. In: www.mmizuerich.ch/files/downloads/d0064ba76b79884ed13fb95be19ad768/Orientierungsrahmen_DE.pdf, 22.02.2013

Sachregister